atelier h　季節の果物とケーキ

atelier h (アトリエ エイチ) は
私のお菓子教室の名前ですが、
ときどき、お菓子屋さんにもなります。

お菓子屋atelier hのおすすめメニューは
　　季節のショートケーキ
　　季節のロールケーキ
　　季節のタルトとパイ
　　季節のパウンドケーキ。

その季節のおいしい果物をふんだんに使い、
果物本来の味わいやみずみずしさを生かした
シンプルなお菓子をていねいにつくっています。
大切な人と囲みたくなるようなケーキを
食べるとやさしい気持ちになれるように、
心を込めてつくります。

ちょっと大げさですが、
いつかそんなお菓子屋さんをもてたらと願い、
日々、季節の旬を追いかけ、
果物と戯れ、活動してきました。

お菓子教室atelier hでは
季節と一期一会のお菓子を紹介していますが、
お菓子屋atelier hでは
12カ月ごとのさまざまなケーキを
毎年少しずつブラッシュアップしながらご注文にお応えしてきました。

この本は、atelier hの生徒さん、お客さんに
いちばん人気のある果物とケーキのレシピBOOKです。

手作りらしくさりげなくて、でも贅沢なケーキを紹介したい。
たくさんの果物を使って、季節をふんだんに味わってもらいたい。
笑顔がふとこぼれ、広がるようなお菓子をつくりたい。

そんな気持ちを込めて、一つ一つレシピを考えていきました。

この本を手にしたみなさまが、
果物を見てワクワクしてくださったらうれしいです。
誕生日やお祝いごと、楽しい集まりの手みやげに、
週末のケーキづくりのお役にも立てたなら、さらにうれしいです。

本間節子

Contents

3 TART & PIE
季節のタルトとパイ

4 POUND CAKE
季節のパウンドケーキ

・大さじ1は15㎖、小さじ1は5㎖です。
・卵はLサイズ（正味55〜60g）を使用しています。
・砂糖はビートグラニュー糖、ビート糖、きび糖、和三盆糖、粉糖など、それぞれのお菓子に合うものを使用しています。
　手に入らない場合は、ほかの砂糖で代用することもできます（p.132参照）。
・薄力粉、強力粉、全粒粉、米粉は国産のものを使用しています。
・レモンなど皮を使うものは、国産のものを使用しています。すりおろす場合は、表面の部分だけをすりおろしてください。
・生クリームは動物性のものを使用しています。
・プリン型はオーブン対応のものを使用しています。
・オーブンの加熱温度と時間は、ガスオーブンの場合の目安です。お手持ちのオーブンに合わせて調節してください。
　電気オーブンの場合は温度を10度上げてください。
・電子レンジの加熱時間は600Wの場合の目安です。500Wの場合は時間を1.2倍にしてください。

5 COMPOTE & JAM
季節のコンポートとジャム

Seasonal Fruit Calendar 果物の旬カレンダー

その果物が一年でいちばん
おいしい旬をあらわしました。

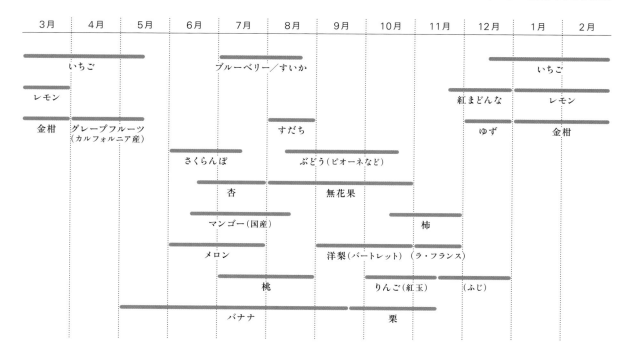

SPONGE
CAKE

1　季節のショートケーキ

特別な日のために、今までにいちばんたくさんつくったショートケーキです。香りに満ちた旬のいちごでぜひ。

いちごのショートケーキ

Spring

材料

（底のとれる直径15cmの丸型1台分）

共立てスポンジ生地（プレーン）

- 卵……2個
- ビートグラニュー糖……60g
- 薄力粉……60g
- バター（食塩不使用）……15g
- 米油……10g

シロップ

- 水……50ml
- ビートグラニュー糖……20g
- キルシュ……小さじ1
- いちご……1粒

生クリーム（乳脂肪分45〜47%のもの）
……300ml

ビートグラニュー糖……20g

いちご……21粒

エディブルフラワー

（あればいちごの花）……適量

準備

- オーブンを160度に予熱する。
- バターと米油を合わせ、湯せんにかけて溶かし、冷めないように温めておく（A）。

スポンジ生地

1 ボウルに卵を割り入れ、ハンドミキサーの羽根でほぐす。

2 ビートグラニュー糖を加えてハンドミキサーの低速で混ぜ、ビートグラニュー糖がなじんだら高速にして泡立てる。

3 すくったときに生地がしっかり残るくらいになったら（B）、低速でミキサーの羽根をボウルの底から浮かすようにして混ぜてキメをととのえる。

4 薄力粉をふるい入れ、泡立て器ですくい上げながらボウル全体をなぞるように混ぜる（C）。

5 粉っぽさがなくなったら、溶かしたバターと米油を加え、ゴムべらで混ぜる（D）。

6 型（何もぬらない）に流し入れ（E）、表面を平らにし、160度のオーブンで25〜30分焼く。

7 オーブンペーパーを敷いた網に型ごと逆さにして冷まし、あら熱がとれたらラップをかけて冷蔵室で冷やす。

シロップ

8 スポンジを冷ましている間にシロップをつくる。鍋に水を入れて火にかけ、沸騰したら火を止めてビートグラニュー糖とキルシュを加える。

9 再び火にかけ、混ぜながら沸騰させる。火からおろし、あら熱がとれたら容器に移し、洗って水けをきったいちごをすりおろして加える（F）。冷蔵室で冷やす。

組み立て

10 スポンジをとり出し、型と生地の間にパレットナイフを入れ（G）、逆さにして側面からはずす。底と生地の間にパレットナイフを入れ、底をはずす（H）。下から2cm、1.5cm、1cm厚さの3枚に切る（p.40参照）（I）。

11 いちごは洗って水けをきり、へたをとり、14粒を縦半分に切る。

12 生クリームにビートグラニュー糖を加え、六分立てにする（p.40参照）。1/3量を別のボウルに移し（コーティング用）、冷蔵室で冷やす。残りは八分立てにする（サンド用）。

A
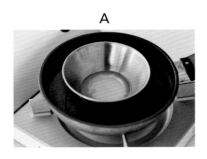

D
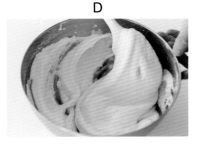

B

E

C

F
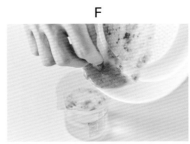

13 いちばん下になるスポンジの上面にシロップ（以下適量）をハケでぬり（J）、サンド用のクリーム（以下適量）をパレットナイフで薄くぬる（K）。半分に切ったいちごの半量をのせ（L）、クリームを薄くぬる。

14 下面にシロップをぬったまん中のスポンジをのせ（M）、**13**をくり返す（N）。

15 下面にシロップをぬったいちばん上のスポンジをのせ、軽く押してなじませ、上面と側面にシロップをぬる。残りのクリームを全体にぬり（O）、側面のすき間を埋め、表面をならしたら、冷蔵室に入れる。

16 コーティング用のクリームを冷蔵室からとり出し、六分立てにととのえてから**15**の上面にかけ、パレットナイフできれいにぬり広げる（p.41参照）。冷蔵室で30分以上冷やす。

17 残りのいちごとあればエディブルフラワーをケーキの表面に飾る。

※丸型は底のとれる、アルミ製またはアルミをメッキしてあるものがおすすめ。テフロンなどの加工がしてあるものは、生地が型にくっつかないので避ける。

食べ頃のおいしいバナナをたっぷりはさみ、紅茶風味のクリームでデコレーションしました。

バナナの紅茶ショートケーキ

Spring

材料

（底のとれる直径15cmの丸型1台分）

別立て米粉スポンジ生地（プレーン）
- 卵黄……2個分
- ビート糖……20g
- 米油……20g
- プレーンヨーグルト……10g
- 卵白……2個分
- ビート糖……40g
- 米粉……60g

シロップ
- 水……50ml
- ビート糖……20g
- ラム酒……小さじ1

生クリーム（乳脂肪分45〜47%のもの）
……300ml

ビート糖……20g

紅茶液
- 紅茶の葉（アールグレイ）……8g
- ※紅茶はリーフの大きいものを使用
- 熱湯……50ml

バナナ……2 1/2本

準備

- p.63の1を参照して紅茶液をつくり、20ml計量し、冷やす。
- オーブンを160度に予熱する。
- 米油にヨーグルトを加えて混ぜる。
- 絞り袋に星口金をつけ、コップなどに入れて上部を折り返す（p.41参照）。

スポンジ生地

1 p.22の別立てスポンジ生地を参照してつくるが（4はとばす）、ビートグラニュー糖をビート糖、薄力粉を米粉にかえる。卵黄にビート糖20gを加えて白っぽくなるまで泡立てたら米油とヨーグルトを合わせたものを加え（A）、メレンゲに合わせ、米粉をふるい入れる。冷めたら下から2cm、1.5cm、1cm厚さの3枚に切る（p.40参照）。

シロップ

2 p.19を参照してシロップをつくる。ビートグラニュー糖をビート糖に、キルシュをラム酒にかえる。

組み立て

3 生クリームにビート糖と紅茶液を加え、六分立てにする（p.40参照）。半量を別のボウルに移し（コーティング用）、冷蔵室で冷やす。残りは八分立てにする（サンド用）。

4 バナナは3〜4等分にし、縦半分に切る（B）。

5 いちばん下になるスポンジの上面にシロップ（以下適量）をハケでぬり、サンド用のクリーム（以下適量）をパレットナイフで薄くぬる。バナナの半量をカーブをスポンジに合わせるように外側から並べ（中央はあける）（C）、すき間を埋めるようにクリームをぬる。

6 下面にシロップをぬったまん中のスポンジをのせ、5をくり返す。

7 下面にシロップをぬったいちばん上のスポンジをのせ（D）、軽く押してなじませ、上面と側面にシロップをぬる。残りのクリームを全体にぬり、側面のすき間を埋め、表面をならしたら、冷蔵室に入れる。

8 コーティング用のクリームを冷蔵室からとり出し、六分立てにととのえてから7の上面にかけ、パレットナイフできれいにぬり広げる（p.41参照）。冷蔵室で30分以上冷やす。

9 落としたクリームと残ったクリームを八分立てにし、絞り袋に入れ、ケーキの上面に網目模様に絞り出す（E・F）。

※米粉を使うと、キメがこまかく口溶けのよいスポンジ生地になる。

A	B	C
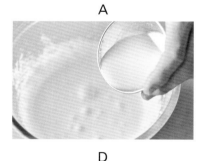		

D	E	F
		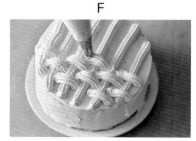

甘くておいしい春のグレープフルーツは、抹茶をほのかにきかせたスポンジと合わせます。

グレープフルーツの抹茶ショートケーキ

Spring

材料

（底のとれる直径15㎝の丸型1台分）

別立てスポンジ生地（抹茶風味）
- 卵黄……2個分
- ビートグラニュー糖……20g
- 米油……25g
- 卵白……2個分
- ビートグラニュー糖……40g
- 薄力粉……58g
- 抹茶……2g

シロップ
- 水……50㎖
- ビートグラニュー糖……20g
- オレンジリキュール……小さじ1
※キルシュでも可。

生クリーム（乳脂肪分45〜47％のもの）
　……300㎖
プレーンヨーグルト……30g
ビートグラニュー糖……30g
グレープフルーツ……2個
ビートグラニュー糖……20g

準 備

・オーブンを160度に予熱する。
・抹茶は茶こしで2回ふるい、薄力粉と合わせる。
・絞り袋に星口金をつけ、コップなどに入れて上部を折り返す（p.41参照）。

スポンジ生地

1　p.22の別立てスポンジ生地を参照してつくるが（4はとばす）、卵黄にビートグラニュー糖20gを加えて白っぽくなるまで泡立てたら、米油を加える。メレンゲに合わせ、抹茶を薄力粉と合わせてふるい入れる（A）。冷めたら下から2㎝、1.5㎝、1㎝厚さの3枚に切る（p.40参照）。

シロップ

2　p.19を参照してシロップをつくるが、キルシュをオレンジリキュールにかえる。

組み立て

3　グレープフルーツは皮をむき、薄皮をむいて種をとり除く（皮をむくときに白いわたが厚めに残るようにすると、薄皮がむきやすい）（B）。トッピング用に4房とり分け、残りをバットに入れてビートグラニュー糖20gを振りかける（C）。どちらもラップをかけて冷蔵室で冷やす。

4　生クリームにヨーグルトとビートグラニュー糖30gを加え、六分立てにする（p.40参照）。半量を別のボウルに移し（コーティング用）、冷蔵室で冷やす。残りは八分立てにする（サンド用）。

5　いちばん下になるスポンジの上面にシロップ（以下適量）をハケでぬり（D）、サンド用のクリーム（以下適量）をパレットナイフで薄くぬる。3のグレープフルーツの半量を外側から並べ（中央はあける）（E）、すき間を埋めるようにクリームをぬる。

6　下面にシロップをぬったまん中のスポンジをのせ、5をくり返す。

7　下面にシロップをぬったいちばん上のスポンジをのせ、軽く押してなじませ、上面と側面にシロップをぬる。残りのクリームを全体にぬり、側面のすき間を埋め、表面をならしたら、冷蔵室に入れる。

8　コーティング用のクリームを冷蔵室からとり出し、六分立てにととのえてから7の上面にかけ、パレットナイフできれいにぬり広げる（p.41参照）。冷蔵室で30分以上冷やす。

9　落としたクリームと残ったクリームを八分立てにし、絞り袋に入れ、ケーキの上面に絞り出す（F）。トッピング用のグレープフルーツを小さく切ってのせる。

A　B　C

D　E　F

17

さくらんぼと出始めの桃、これ以上かわいくておいしい組み合わせはないと思います。

さくらんぼと桃のショートケーキ

Summer

材料

（底のとれる直径15cmの丸型1台分）

共立てスポンジ生地（プレーン）

- 卵……2個
- ビートグラニュー糖……60g
- 薄力粉……60g
- バター（食塩不使用）……15g
- 米油……10g

シロップ

- 水……50mℓ
- ビートグラニュー糖……20g
- キルシュ……小さじ1

生クリーム（乳脂肪分45～47%のもの）
……300mℓ

ビートグラニュー糖……20g

さくらんぼ……30粒

※サンド用15粒、トッピング用15粒くらいが目安

桃……1個

準備

・オーブンを160度に予熱する。
・バターと米油を合わせ、湯せんにかけて溶かし、冷めないように温めておく（p.12のA参照）。
・絞り袋2枚に丸口金と星口金をそれぞれつけ（なければ1種類でも）、コップなどに入れて上部を折り返す（p.41参照）。

スポンジ生地

1　p.12の共立てスポンジ生地を参照してつくる。冷めたら下から3cm、2cm厚さの2枚に切る（p.40参照）。

シロップ

2　スポンジを冷ましている間にシロップをつくる。鍋に水を入れて火にかけ、沸騰したら火を止めてビートグラニュー糖とキルシュを加える（A）。

3　再び火にかけ、混ぜながら沸騰させる。火からおろし、あら熱がとれたら容器に移し、冷蔵室で冷やす。

組み立て

4　さくらんぼは洗って水けをきり、15粒は軸をとり、できたら種をとる（サンド用）。桃は半分に切り、一方は皮をむいてくし形に切り（サンド用）、もう一方は皮つきのまま一口大に切る（トッピング用）。

※さくらんぼの種をとるときは、種とり器を使うか先の細いナイフですくい出す。

5　生クリームにビートグラニュー糖を加え、六分立てにする（p.40参照）。半量を別のボウルに移し（コーティング

用）、冷蔵室で冷やす。残りは八分立てにする（サンド用）。

6　下になるスポンジの上面にシロップ（以下適量）をハケでぬり、サンド用のクリーム（以下適量）をパレットナイフで薄くぬる。サンド用のさくらんぼを1周並べ（B）、あいているスペースに桃をのせる（中央はあける）（C）。すき間を埋めるようにクリームをぬる（D）。

7　下面にシロップをぬったもう1枚のスポンジをのせ、軽く押してなじませ、上面と側面にシロップをぬる（E）。残りのクリームを全体にぬり、側面のすき間を埋め、表面をならしたら、冷蔵室に入れる。

8　コーティング用のクリームを冷蔵室からとり出し、六分立てにととのえてから7の上面にかけ、パレットナイフできれいにぬり広げる（p.41参照）。冷蔵室で30分以上冷やす。

9　落としたクリームと残ったクリームを八分立てにし、丸口金と星口金の絞り袋に半量ずつ入れ、ケーキの側面の下側に交互に絞り出す（F）。

10　トッピング用のさくらんぼと桃をケーキの上面に飾る。

A　B　C

D　E　F

すいかのみずみずしさ、さっぱりとしたあと味が暑い季節にぴったりです。夏の誕生日ケーキにも。

すいかのショートケーキ

Summer

材料

（底のとれる直径15cmの丸型1台分）

別立てスポンジ生地（プレーン）

　卵黄……2個分
　ビートグラニュー糖……20g
　卵白……2個分
　ビートグラニュー糖……40g
　薄力粉……60g
　バター（食塩不使用）……15g
　米油……10g

すいかゼリー

　すいか（小玉）……1/2個
　水……小さじ2
　粉ゼラチン……3g
　水……20ml
　ビートグラニュー糖……10g
　キルシュ……小さじ1
　レモン汁……小さじ1

シロップ

　水……50ml
　砂糖……20g
　キルシュ……小さじ1

生クリーム（乳脂肪分45〜47％のもの）
　……200ml

ビートグラニュー糖……10g

飾り用のハーブ（タイム〈生〉）
　……適量

準備

・オーブンを160度に予熱する。
・バターと米油を合わせて湯せんにかけて溶かし、冷めないように温めておく（p.12のA参照）。

スポンジ生地

1　ボウルに卵黄とビートグラニュー糖20gを入れ、ハンドミキサーの高速でふんわりとして白っぽくなるまで泡立てる（A）。

2　別のボウルに卵白とビートグラニュー糖40gを入れてハンドミキサーの中速で泡立て、しっかりとしたメレンゲをつくる（p.48のD参照）。

3　2に1を加え（B）、ゴムべらでさっくりと混ぜる。薄力粉をふるい入れ、泡立て器ですくい上げながらボウル全体をなぞるように混ぜる（C）。

4　粉っぽさがなくなったら、溶かしたバターと米油を加え、ゴムべらで混ぜる（D）。

5　型（何もぬらない）に流し入れて表面を平らにし（E）、160度のオーブンで25〜30分焼く（F）。

6　型ごと逆さにし、オーブンペーパーを敷いた網にのせて冷まし、あら熱がとれたらラップをかけて冷蔵室で冷やす。冷めたら型からはずし、下から2cm、1.5cm、1cm厚さの3枚に切る（p.40参照）。

すいかゼリー

7　すいかは先にサンド用とトッピング用をとり分ける。まん中の大きい部分を1cm厚さの輪切りにし、あれば外径14cmの容器や皿をあてて皮をとり除く（サンド用）（G）。残りはトッピング用にくりぬき器で14個丸くくりぬく（H）。どちらもラップをかけて冷蔵室に入れる。くりぬいた残りはゼリー用にすりおろしてざるでこし（I）、果汁100mlを計量する。

8　器に水小さじ2を入れ、ゼラチンを振り入れてふやかす。

9　鍋（あれば内径14cmのもの）に水20ml、ビートグラニュー糖、キルシュを入れ、中火にかける。温まったら火を止め、8を加えて溶かす。

10　7のすいか果汁とレモン汁を加えて混ぜ、鍋の底を氷水にあてて冷やす（J）。冷蔵室に2時間以上入れて冷やし固める。

※内径14cmの鍋がない場合は、保存容器に移して冷蔵室に入れる。

A

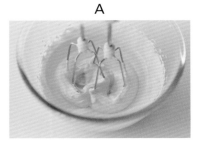

B

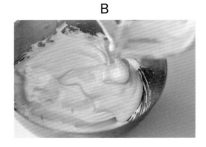

C

D

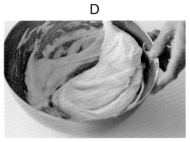

E

F

シロップ

11 p.19を参照してシロップをつく
る。

組み立て

12 生クリームにビートグラニュー
糖を加え、六分立てにする（p.40参
照）。1/3量を別のボウルに移し（コー
ティング用）、冷蔵室で冷やす。残り
は八分立てにする（サンド用）。

13 いちばん下になるスポンジの上
面にシロップ（以下適量）をハケでぬ
り、サンド用のクリーム（以下適量）
をパレットナイフで薄くぬる。7の
サンド用のすいかをのせ、クリーム
を薄くぬる（K）。

14 下面にシロップをぬったまん中
のスポンジをのせ、上面にシロップ
をぬり、クリームを薄くぬる。

15 すいかゼリーの鍋の底をぬるま
湯に2〜3秒つけて温め、ゼリーが
底から動くようになったら、ゼリー
をスポンジの上にスライドさせるよ
うにそっとのせる（L）。

16 クリームを薄くぬり、下面にシ
ロップをぬったいちばん上のスポン
ジをのせ、軽く押してなじませ、上

面と側面にシロップをぬる。残りの
クリームを全体にぬり、側面のすき
間を埋め、表面をならしたら、冷蔵
室に入れる。

17 コーティング用のクリームを冷
蔵室からとり出し、六分立てにとと
のえてから16の上面にかけ、パレ
ットナイフできれいにぬり広げる（p.
41参照）。冷蔵室で30分以上冷やす。

18 くりぬいたすいかとハーブをケ
ーキの上面に飾る。

芽のやわらかいミントをたっぷりと使い、旬のメロンと合わせた、ほんのり緑色のさわやかなケーキ。

メロンのショートケーキ

Summer

材料

（底のとれる直径15cmの丸型1台分）

共立てスポンジ生地（プレーン）
| 卵……2個
| ビートグラニュー糖……60g
| 薄力粉……60g
| バター（食塩不使用）……15g
| 米油……10g

ミント液とシロップ
| ミント（茎はとり除く）……15g
| ※ペパーミントを使用。好みのもので。
| 水……100ml
| ビートグラニュー糖……50g

生クリーム（乳脂肪分45〜47％のもの）
　……250ml

ビートグラニュー糖……15g

メロン……1/2個

飾り用のミント……適量

準備

・オーブンを160度に予熱する。
・バターと米油を合わせ、湯せんにかけて溶かし、冷めないように温めておく（p.12のA参照）。

スポンジ生地

1　p.12の共立てスポンジ生地を参照してつくる。冷めたら下から2cm、1.5cm、1cm厚さの3枚に切る（p.40参照）。

ミント液とシロップ

2　スポンジを冷ましている間にミント液とシロップをつくる。ミントの葉を洗い、さっと湯がいて冷水にとり、水けを絞る。

3　鍋に水（半量をミント液、半量をシロップに使う）を入れて火にかけ、沸騰したら火を止める。ビートグラニュー糖を加えて溶かし、冷ます。

4　あら熱がとれたら3の半量に2を加え、ブレンダーまたはミキサーにかけてこまかくする（A）。茶こしでこしてしっかりと絞り、ミント液をつくる。

5　残りの3にミント液小さじ1を加えてシロップをつくり（B）、ともに冷蔵室で冷やす。

組み立て

6　メロンはまん中の大きい部分を1cm厚さの輪切りにし、種を除いて皮をむく。これをサンド用に3〜4枚用意する。残りは皮つきのままひと口大に切る（飾り用）。

7　生クリームにビートグラニュー糖と4のミント液25gを加え（C）、六分立てにする（p.40参照）。1/3量を別のボウルに移し（コーティング用）、冷蔵室で冷やす。残りは八分立てにする（サンド用）。

8　いちばん下になるスポンジの上面にシロップ（以下適量）をハケでぬり（D）、サンド用のクリーム（以下適量）をパレットナイフで薄くぬる。サンド用のメロンの半量をスポンジに合うように切ってのせ（E）、クリームを薄くぬる。

9　下面にシロップをぬったまん中のスポンジをのせ、8をくり返す（F）。

10　下面にシロップをぬったいちばん上のスポンジをのせ、軽く押してなじませ、上面と側面にシロップをぬる。残りのクリームを全体にぬり、側面のすき間を埋め、表面をならしたら、冷蔵室に入れる。

11　コーティング用のクリームを冷蔵室からとり出し、六分立てにととのえてから10の上面にかけ、パレットナイフですじを残すようにぬり広げる。冷蔵室で30分以上冷やす。

12　飾り用のメロンとミントをケーキの側面に飾る。

A

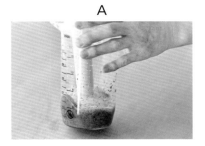

B

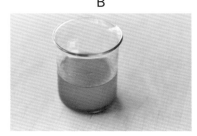

C

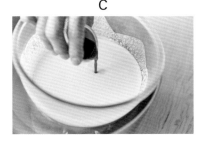

D

E

F

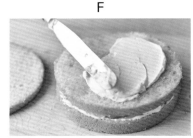

大好きなピオーネは、毎年ショートケーキにして楽しみます。切り分けたときの断面も楽しみの一つ。

ピオーネのショートケーキ

Autumn

材料
（底のとれる直径15cmの丸型1台分）

共立てスポンジ生地（プレーン）
- 卵……2個
- ビート糖……60g
- 薄力粉……60g
- バター（食塩不使用）……15g
- 米油……10g

シロップ
- 水……50ml
- ビート糖……20g
- ラム酒……小さじ1

生クリーム（乳脂肪分45～47%のもの）
……250ml

ビート糖……25g

プレーンヨーグルト……100g

ぶどう（ピオーネ）……大1房

準備
・ヨーグルトはペーパーフィルターを敷いたドリッパー（またはキッチンペーパーを敷いたざる）に入れ、冷蔵室で3時間ほど水きりする（A）。100gが50gになるくらいが目安。
・オーブンを160度に予熱する。
・バターと米油を合わせ、湯せんにかけて溶かし、冷めないように温めておく（p.12のA参照）。

スポンジ生地
1 p.12の共立てスポンジ生地を参照してつくるが、ビートグラニュー糖をビート糖にかえる。冷めたら下から3cm、2cm厚さの2枚に切る（p.40参照）。

シロップ
2 p.19を参照してシロップをつくる。ビートグラニュー糖をビート糖に、キルシュをラム酒にかえる。

組み立て
3 ぶどうは房からはずして洗う。鍋に湯を沸かし、ぶどうを3粒ずつ入れて10秒くらいしたらあげ（B）、冷水にとる。手で皮をむき（C）、キッチンペーパーを敷いたバットにのせ、全部むいたらラップをかけて冷蔵室に入れる。

4 生クリームにビート糖と水きりしたヨーグルト（固形分だけを使う）を加え（D）、六分立てにする（p.40参照）。半量を別のボウルに移し（コーティング用）、冷蔵室で冷やす。残りは八分立てにする（サンド用）。

5 下になるスポンジの上面にシロップ（以下適量）をハケでぬり、サンド用のクリーム（以下適量）をパレットナイフで薄くぬる。ぶどうを外側から並べ（中央はあける）（E）、すき間を埋めるようにクリームをぬる（F）。

6 下面にシロップをぬったもう1枚のスポンジをのせ、軽く押してなじませ、上面と側面にシロップをぬる。残りのクリームを全体にぬり、側面のすき間を埋め、表面をならしたら、冷蔵室に入れる。

7 コーティング用のクリームを冷蔵室からとり出し、六分立てにととのえてから6の上面にかけ、パレットナイフできれいにぬり広げる（p.41参照）。冷蔵室で30分以上冷やす。

8 残ったぶどうをケーキの上面に飾る。

A

B
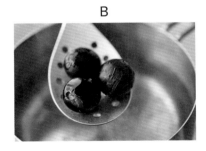

C

D

E

F

洋梨はコンポートにしてスポンジとクリームに合わせます。とろりとした食感とジューシーさを楽しんで。

洋梨のショートケーキ

Autumn

材 料

（底のとれる直径15cmの丸型1台分）

別立てスポンジ生地（はちみつ風味）

| 卵黄……2個分
| はちみつ……20g
| 卵白……2個分
| ビートグラニュー糖……40g
| 薄力粉……60g
| バター（食塩不使用）……15g
| 米油……10g

洋梨のコンポート

| 洋梨……小3個（正味約450g）
| ビートグラニュー糖……45g
| レモン汁……小さじ2
| ポワールウィリアム……小さじ2

生クリーム（乳脂肪分45〜47%のもの）
　　……250ml

はちみつ……15g

飾り用のピスタチオ
　（殻と薄皮をとり除いたもの）……適量

準 備

・オーブンを160度に予熱する。
・バターと米油を合わせ、湯せんにかけて溶かし、冷めないように温めておく（p.12のAを参照）。
・絞り袋に丸口金をつけ、コップなどに入れて上部を折り返す（p.41参照）。

スポンジ生地

1　p.22の別立てスポンジ生地を参照してつくるが、卵黄に加えるビートグラニュー糖をはちみつにかえる。冷めたら下から2cm、1.5cm、1cm厚さの3枚に切る（p.40参照）。

洋梨のコンポート

2　p.126を参照して洋梨のコンポートをつくる。電子レンジで3〜4分加熱したら上下を返し、さらに4〜5分加熱する。冷蔵室で冷やし、厚みを3等分に切る（A）。

組み立て

3　生クリームにはちみつを加え、六分立てにする（p.40参照）。半量を別のボウルに移し（コーティング用）、冷蔵室で冷やす。残りは八分立てにする（サンド用）。

4　コンポートのシロップを大さじ2とり分ける。いちばん下になるスポンジに2を外側から少しずつ重ねるように並べ（B・C）、すき間を埋めるようにクリーム（以下適量）をパレットナイフでぬる（D）。

5　下面にとり分けたシロップ（以下適量）をぬったまん中のスポンジをのせ、4をくり返す（洋梨は飾り用に2切れ残す）。

6　下面にシロップをぬったいちばん上のスポンジをのせ（E）、軽く押してなじませ、上面と側面にシロップをぬる。残りのクリームを全体にぬり、側面のすき間を埋め、表面をならしたら、冷蔵室に入れる。

7　コーティング用のクリームを冷蔵室からとり出し、六分立てにととのえてから6の上面にかけ、パレットナイフできれいにぬり広げる（p.41参照）。冷蔵室で30分以上冷やす。

8　落としたクリームと残ったクリームを八分立てにし、絞り袋に入れ、ケーキの上面に絞り出す。

9　残しておいた洋梨を7mm角にカットし、キッチンペーパーで水けをふきとってから飾り（F）、ピスタチオを散らす。

A　B　C

D　E　F

29

栗ペーストと栗そぼろの2種をはさみ、食感も断面も楽しんでもらえるように工夫しました。

栗のキャラメルショートケーキ

autumn

材料
（底のとれる直径15cmの丸型1台分）

共立てスポンジ生地（プレーン）
- 卵……2個
- ビート糖……60g
- 薄力粉……60g
- バター（食塩不使用）……15g
- 米油……10g

シロップ
- 水……70ml
- ビート糖……30g
- ラム酒……小さじ2

生クリーム（乳脂肪分45〜47%のもの）
……250ml

ビート糖……20g

栗そぼろと栗ペースト
- 栗（皮つき）……300g
- ビート糖……15g
- ビート糖……20g
- バター（食塩不使用）……10g

キャラメルクリーム
- ビートグラニュー糖……50g
- 水……小さじ1
- 生クリーム（乳脂肪分45〜47%のもの）
……40ml

栗の渋皮煮（p.128参照）……適量

準備
・オーブンを160度に予熱する。
・バターと米油を合わせ、湯せんにかけて溶かし、冷めないように温めておく（p.12のA参照）。
・絞り袋に丸口金をつけ、コップなどに入れて上部を折り返す（p.41参照）。

スポンジ生地
1　p.12の共立てスポンジ生地を参照してつくるが、ビートグラニュー糖をビート糖にかえる。冷めたら下から2cm、1.5cm、1cm厚さの3枚に切る（p.40参照）。

シロップ
2　p.19を参照してシロップをつくる。ビートグラニュー糖をビート糖、キルシュをラム酒にかえる。

栗そぼろと栗ペースト
3　大きめの鍋に栗とたっぷりの水を入れ、中火にかける。沸騰したら弱めの中火にして1時間ゆで、ざるにあげる。

4　包丁で半分に切ってスプーンで中身をすくい（A・B）、ボウルに入れる。70g（栗そぼろ用）と120g（栗ペースト用）を計量して分ける。

5　栗そぼろ用の70gにはビート糖15gを加え、混ぜる（C）。栗ペースト用の120gは裏ごしをし（D）、ボウルに入れる。ビート糖20gとバターを加え（E）、ゴムべらで練り混ぜる（F）。2のシロップ大さじ2を少しずつ加えて生地をのばし、絞り出し袋に入れる。

組み立て
6　生クリームにビート糖を加え、六分立てにする（p.40参照）。1/3量を別のボウルに移し（コーティング用）、冷蔵室で冷やす。残りは八分立てにする（サンド用）。

7　いちばん下になるスポンジの上面にシロップ（以下適量）をハケでぬり、サンド用のクリーム（以下適量）をパレットナイフで薄くぬる。栗ペーストを中央からぐるぐると絞り出し（G）、クリームを薄くぬる（栗ペーストをつぶさないように注意する）（H）。

8　下面にシロップをぬったまん中のスポンジをのせ、上面にシロップ

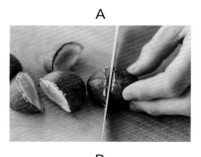

A

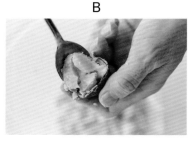

B

C

D

E

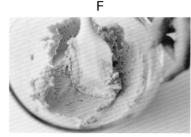

F

をぬり、クリームを薄くぬる。栗そ
ぼろを全体に散らし（I）、クリーム
を薄くぬる。

9　下面にシロップをぬったいちば
ん上のスポンジをのせ、軽く押して
なじませ、上面と側面にシロップを
ぬる。残りのクリームを全体にぬり、
側面のすき間を埋め、表面をならし
たら、冷蔵室に入れる。

10　コーティング用のクリームを冷
蔵室からとり出し、六分立てにとと
のえてから9の上面にかけ、パレッ
トナイフできれいにぬり広げる（p.41
参照）。冷蔵室で30分以上冷やす。

11　キャラメルクリームをつくる。
鍋にビートグラニュー糖と水を入れ、
ふたをして弱火にかける。ビートグ
ラニュー糖がとけて色づき始めたら
ふたをとり、ときどき鍋を揺する。
全体が茶色くなったら火を止め、生
クリームを少しずつ加える（J）。耐
熱のゴムべらで混ぜ（K）、しっかり
と冷ます。

12　絞り袋に入れて先をカットし、
ケーキの上面に格子模様に絞り出す
（L）。切り分け、栗の渋皮煮を添え
る。

G	H	I

J	K	L

酸味のきいた紅玉をカスタード入りのクリームで包み込んだ、秋から冬にかけてのショートケーキ。

紅玉のショートケーキ

Winter

材料

（底のとれる直径15cmの丸型1台分）

別立てスポンジ生地（プレーン）

卵黄……2個分

ビート糖……20g

卵白……2個分

ビート糖……40g

薄力粉……60g

バター（食塩不使用）……15g

米油……10g

シロップ

水……50ml

ビート糖……20g

ラム酒……小さじ1

カスタードクリーム

卵黄……1個分

ビート糖……20g

バニラビーンズ……2cm

米粉……7g

牛乳……100ml

焼きりんご

りんご（紅玉）……2個

バター（食塩不使用）……10g

ビート糖……20g

レモン汁……小さじ2

生クリーム（乳脂肪分45〜47％のもの）

……300ml

ビート糖……10g

飾り用のハーブ（タイム〈生〉）

……適量

準 備

・オーブンを160度に予熱する。

・バターと米油を合わせ、湯せんにかけて溶かし、冷めないように温めておく（p.12のA参照）。

スポンジ生地

1　p.22の別立てスポンジ生地を参照してつくるが、ビートグラニュー糖をビート糖にかえる。冷めたら下から2cm、1.5cm、1cm厚さの3枚に切る（p.40参照）。

シロップ

2　p.19を参照してシロップをつくる。ビートグラニュー糖をビート糖、キルシュをラム酒にかえる。

カスタードクリーム

3　p.84の5〜8を参照してつくる。ボウルに移し、冷蔵室で冷やす。

焼きりんご

4　りんごは洗って10〜12等分のくし形に切る。フライパンにりんご、バター、ビート糖、レモン汁を入れ、中火にかける。バターが溶けたらふたをする。りんごに透明感が出てきたらふたをとり、水分がなくなるまで炒める（A）。バットなどに広げ、あら熱がとれたら、冷蔵室で冷やす。

組み立て

5　生クリーム100mlをボウルに入れ、九分立てにする（p.40参照）。カスタードクリームをゴムべらでほぐしてから加え（B）、ハンドミキサーで軽く混ぜる（サンド用）。

6　いちばん下になるスポンジの上面にシロップ（以下適量）をハケでぬり、4を外側から並べ（中央はあける）（C）、クリーム（以下適量）をぬる（D）。

7　下面にシロップをぬったまん中のスポンジをのせ、6をくり返す（りんごは飾り用に2切れ残す）。

8　下面にシロップをぬったいちばん上のスポンジをのせ、軽くなじませ、上面と側面にシロップをぬる。

9　残りの生クリームとビート糖を六分立てにし、半量を別のボウルに移す（コーティング用）、残りは八分立てにし、8の全体にぬって側面のすき間を埋め、表面をならす。コーティング用のクリームを上面にかけ、きれいにぬり広げる（p.41参照）。冷蔵室で30分以上冷やす。

10　残しておいたりんご2切れを万能こし器でこし（E）、絞り袋に入れて先をカットする。ケーキの上面にドット模様に絞り出し（F）、ハーブを飾る。メッセージプレートの作り方はp.43参照。

A

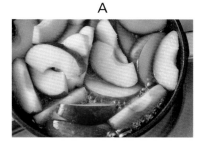

B

C

D

E

F

スポンジ生地のクラムをミモザに見立てます。中には甘ずっぱいレモンカードをしのばせて。

ミモザケーキ

Winter

材料

（底のとれる直径15cmの丸型1台分）

共立てスポンジ生地（レモン風味）
- 卵……2個
- ビート糖……60g
- 薄力粉……60g
- バター（食塩不使用）……15g
- 米油……10g
- レモンの皮のすりおろし
  （国産のもの）……1/2個分

シロップ
- 水……40ml
- ビート糖……20g
- レモン汁……大さじ1

レモンカード
- レモン汁……大さじ2
- レモンの皮のすりおろし
  （国産のもの）……1/2個分
- ビート糖……30g
- 卵……1個
- バター（食塩不使用）……10g

生クリーム（乳脂肪分45～47％のもの）
  ……200ml
ビート糖……10g
レモン汁……小さじ1/2
飾り用のレモンの皮のすりおろし
（国産のもの）……適量

準 備

・オーブンを160度に予熱する。
・バターと米油を合わせ、湯せんにかけて溶かし、冷めないように温めておく（p.12のA参照）。

スポンジ生地

1　p.12の共立てスポンジ生地を参照してつくるが、ビートグラニュー糖をビート糖にかえ、溶かしたバターと米油を合わせたもの、レモンの皮を加える（A）。冷めたら下から2cm、1.5cm厚さの2枚に切り（p.40参照）、今度は焼き色のついた面を下にして1cm厚さに1枚切る（B 右のいちばん上）。残りの生地（B 左）はとっておく。

シロップ

2　p.19を参照してシロップをつくる。ビートグラニュー糖をビート糖に、キルシュをレモン汁にかえる。

レモンカード

3　ボウルにレモン汁と皮、ビート糖を入れ、泡立て器で混ぜる。卵を割り入れ、よく混ぜる。バターを加え、弱火の湯せんにかけながらとろみがつくまで10分くらい混ぜる（C）。

4　湯せんからはずして万能こし器でこし、すぐに氷水にあてて冷やす。

組み立て

5　生クリームにビート糖を加えて泡立て、とろみがついたらレモン汁を加える。さらに泡立て、六分立てにする（p.40参照）。半量を別のボウルに移し（コーティング用）、冷蔵室で冷やす。残りは九分立てにする（サンド用）。

6　いちばん下になる2cm厚さのスポンジの上面にシロップ（以下適量）をハケでぬり、レモンカード、クリーム（以下各適量）の順にぬる（D）。

7　下面にシロップをぬったまん中の1.5cm厚さのスポンジをのせ、6をくり返す。

8　下面にシロップをぬったいちばん上の1cm厚さのスポンジ（焼き色のついた面が上）をのせ（E）、軽く押してなじませ、上面と側面にシロップをぬる。残りのクリームを全体にぬり、側面のすき間を埋め、表面をならしたら冷蔵室に入れる。

9　コーティング用のクリームをとり出し、六分立てにととのえてから上面にかけ、きれいにぬり広げる（p.41参照）。冷蔵室で30分以上冷やす。

10　1でとっておいたスポンジは焼き色のついている周囲をとり除き、フードプロセッサーにかけて、こまかいそぼろ状にする（F）。ケーキの上面にのせ、レモンの皮を散らす。

A
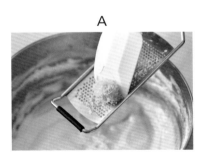

B

C

D

E

F

ラ・フランスがもうすぐ終わる頃がちょうどクリスマス。ココア風味の生地に生の洋梨をたっぷり合わせます。

クリスマスケーキ

Winter

材料

（底のとれる直径15cmの丸型1台分）

別立てスポンジ生地（ココア風味）

- 卵黄……2個分
- ビート糖……20g
- 米油……25g
- プレーンヨーグルト……5g
- 卵白……2個分
- ビート糖……40g
- 薄力粉……45g
- ココアパウダー……15g

シロップ

- 水……50mℓ
- ビート糖……20g
- ポワールウィリアム……小さじ1
- ※オレンジリキュールでも可。

生クリーム（乳脂肪分45〜47%のもの）
……250mℓ

ホワイトチョコレート
（製菓用）……30g

洋梨……2個

準 備

- ・オーブンを160度に予熱する。
- ・米油にヨーグルトを加え、泡立て器で混ぜる。
- ・チョコレートはこまかく刻み、湯せんにかけて溶かす。生クリームを少しずつ加えてゴムべらで混ぜ（A）、冷蔵室に入れて冷やす。
- ・絞り袋に星口金をつけ、コップなどに入れて上部を折り返す（p.41参照）。

スポンジ生地

1　p.22の別立てスポンジ生地を参照してつくるが（4はとばす）、ビートグラニュー糖をビート糖にかえる。卵黄にビート糖20gを加えて白っぽくなるまで泡立てたら、米油とヨーグルトを合わせたものを加える。メレンゲに合わせ、ココアを薄力粉と合わせてふるい入れる（B）。冷めたら下から2.5cm、2cm厚さの2枚に切る（p.40参照）。

シロップ

2　p.19を参照してシロップをつくる。ビートグラニュー糖をビート糖、キルシュをポワールウィリアムにかえる。

組み立て

3　生クリームとチョコレートを合わせたものを冷蔵室からとり出し、六分立てにする（p.40参照）。半量を別のボウルに移し（コーティング用）、冷蔵室で冷やす。残りは八分立てにする（サンド用）。

4　洋梨は皮をむいて半分に切り、芯をとる。さらに半分に切ってから、7mm厚さに切る（C）。

5　下になるスポンジの上面にシロップ（以下適量）をハケでぬり、サンド用のクリーム（以下適量）をパレットナイフで薄くぬる。洋梨を1/4個分ずつ少しずらしながら並べ（D）、すき間を埋めるようにクリームをぬる（E）。

6　下面にシロップをぬったもう1枚のスポンジをのせ、軽く押してなじませ、上面と側面にシロップをぬる。残りのクリームを全体にぬり、側面のすき間を埋め、表面をならしたら、冷蔵室に入れる。

7　コーティング用のクリームを冷蔵室からとり出し、六分立てにととのえてから6の上面にかけ、パレットナイフできれいにぬり広げる（p.41参照）。冷蔵室で30分以上冷やす。

8　落としたクリームと残ったクリームを八分立てにし、絞り袋に入れ、ケーキの上面に絞り出す（F）。メッセージプレートの作り方はp.43参照。

A

B

C

D

E

F

Technique

スポンジを切る

2枚に切る場合。下から3cm（または2.5cm）、2cmの厚さに切る。上部は余る。

3枚に切る場合。下から2cm、1.5cm、1cmの厚さに切る。上部は余る。

スポンジの厚さはだいたいでかまいませんが、下が厚いほうが果物やクリームをのせたときにつぶれにくく、安定します。余った上部のスポンジは、泡立てた生クリームと果物をのせ、半分に折ってオムレットにしたり、130度のオーブンで20分ほど焼いてラスクにしたりするのもおすすめです。

※スポンジのふくらみ具合によっては、上部が余らないこともあります。

◎定規を使って切る方法

1

スポンジの側面に定規をあて、切りたい厚さ（ここでは3cm）に浅く切り目を1周入れる。

2

切れ目に沿って包丁を入れる。

3

上側のスポンジを台におき、1・2と同様に切る。

◎棒を使って切る方法

1

スポンジをはさむように木の棒（切りたい厚さのもの）をおき、棒に沿って包丁を入れる。

2

上側のスポンジを台におき、1と同様に切る。

棒を使うと、簡単に均一な厚さにスライスすることができます。手前は1.5cm角、奥は2×1cmのもの。木の棒は製菓道具店、ホームセンターで手に入ります。

生クリームの泡立て

1

氷水の入ったボウルに底をあて、ハンドミキサーの中速で大きくまわしながら全体を泡立てる。六分立ては、すくったときに、細くとろとろと落ちるような状態。

2

八分立ては、すくったときに、角がおじぎする状態。

3

九分立ては、すくったときに、ツンと角が立つ状態。泡立てすぎると分離するので注意する。

クリームをぬる

いちばん上のスポンジをのせ、上面と側面にシロップをぬったら、残りのクリームをパレットナイフで上面から側面へとぬる。

側面のすき間を埋め、表面をならして余分なクリームをとり、冷蔵室に入れる。

2を回転台の中央にのせ、コーティング用のクリームを冷蔵室からとり出し、六分立てにととのえてから上面にかける。

パレットナイフで上面をぬる。ある程度ぬり広げたら、パレットナイフをあて（動かさない）、回転台を手前にまわす。

同様に側面にもパレットナイフをあて、回転台を手前にまわす。冷蔵室で30分以上冷やす。

回転台がない場合は、皿の上に2をのせる。クリームをかけてぬり広げたら、パレットナイフをあて、皿を1/4周ずつまわして同様に仕上げる。

絞り袋の扱い方

絞り袋に口金をつけ、コップなどに入れて袋の上部を折り返し、生クリーム（または生地）を入れる。

カードなどを使って、クリームを先端に寄せる（クリームはできるだけ手でさわらない）。

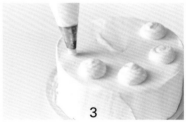

ケーキの上に絞り出すときは、表面から少し浮かせて絞るときれいに仕上がる。

ケーキを切り分ける

コップやピッチャーなど深さのある容器に熱湯を入れる。包丁を入れて刃を温める。

ケーキをひと切れずつ切り分ける。包丁についたクリームは、そのつどキッチンペーパーでふき、1回ごとに包丁を温め直してから切る。

直径15cmのショートケーキは、7等分に切るとバランスがよい。p.18のように上にのせた果物が切り分けにくいときは、果物をいったんとり除いてから切る。

Sponge Cake Variation

Spring

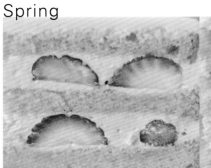
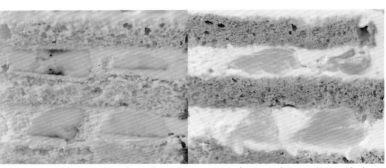

いちご（共立て・プレーン）／p.10　　バナナ（別立て米粉・プレーン）／p.14　　グレープフルーツ（別立て・抹茶風味）／p.16

Summer

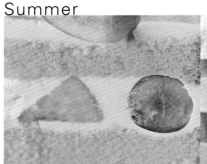
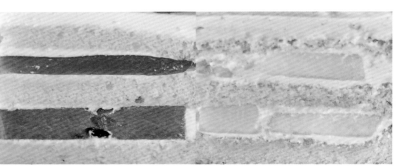

さくらんぼと桃（共立て・プレーン）／p.18　　すいか（別立て・プレーン）／p.20　　メロン（共立て・プレーン）／p.24

Autumn

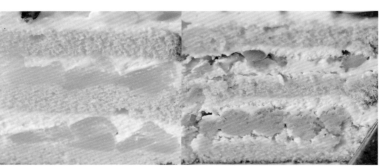

ピオーネ（共立て・プレーン）／p.26　　洋梨（別立て・はちみつ風味）／p.28　　栗（共立て・プレーン）／p.30

Winter

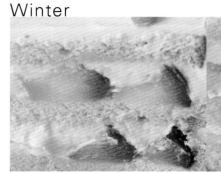

紅玉（別立て・プレーン）／p.34　　ミモザケーキ（共立て・レモン風味）／p.36　　クリスマスケーキ（別立て・ココア風味）／p.38

Message Plate

誕生日やクリスマスには
手作りのメッセージプレートを添えて。

p.18のさくらんぼと桃のショートケーキにメッセージプレートをのせて誕生日
ケーキに仕上げました。フリーハンドでカットしたクッキーはリボンをイメージ。
好きな形や大きさにつくり、ガナッシュでメッセージを書きます。

メッセージプレートの作り方

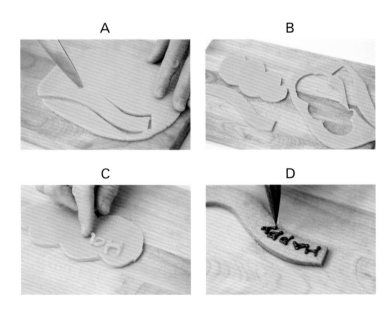

A

B

C

D

1　p.72（またはp.75）などのタルト生地の1
・2を参照してつくる。台に生地をのせ、ときど
き打ち粉をしながら、めん棒で3mm厚さにのば
し、冷やす。台にラップは敷かずに生地をのせ、
包丁で好きな形に切る（A・B 細く丸めた生地
で文字を書いてもよい〈C〉）。オーブンペーパ
ーを敷いた天板にのせ、160度に温めたオーブ
ンで16分焼き、網の上で冷ます。
2　絞り袋（袋を短く切るとよい）にガナッシュ
（p.61参照）を入れ、文字を書く（D）。

TOOLS

使いたくなる
道具

手になじんで使いやすく、
仕上がりもきれいになるすぐれもの。
デザインもシンプルで飽きないので
手放せない、20年以上の愛用品です。

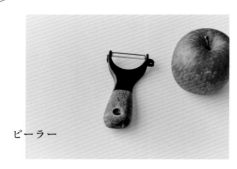

ピーラー

りんごや洋梨の皮をむくとき、レモンやゆず
の皮を薄くそぐとき便利です。使い始めて30
年、りんご1万個はむいていそう。

くりぬき器

すいかやメロンの果肉、りんごや洋梨の芯を
くりぬきます。直径は2.5cm。チョコレート
もくるんと削れます。パリの道具街で購入。

パイカッター

パイ生地を波々にカットする道具。アップル
パイがかわいく焼き上がります。定規をあて
るとまっすぐ切れます。フランス製。

ターナー

ステンレスの先端が薄くなっていて四角い穴
があるので、クッキーをすくったり、ケーキ
を移動させたりしやすい。友人のN.Y.みやげ。

すりおろし器

表面に軽くあてて手前にこするだけで、レモ
ンやゆずなど柑橘の皮をふわふわにすりおろ
せます。米・マイクロプレイン社製。

穴あきサーバー

湯むきするとき、果物をお湯からすくったり、
コンポートのシロップを切りながらとり出し
たり、盛りつけたりします。

ROLL
CAKE

2 季節のロールケーキ

切り口にいつもいちごが出るように、先端をカットして横に並べます。切った先端はいちご味のクリームに使って。

いちごのロールケーキ　　　　　　　　　　　　　　*Spring*

材料

（25×29cmの天板1台分）

別立てスポンジシート（プレーン）

- 卵黄……3個分
- ビートグラニュー糖……30g
- 卵白……3個分
- ビートグラニュー糖……50g
- 薄力粉……50g
- バター（食塩不使用）……15g
- 米油……15g

生クリーム（乳脂肪分45〜47％のもの）
　……250㎖

ホワイトチョコレート（製菓用）
　……40g

レモン汁……小さじ1

いちご（小粒）……18粒

トッピング用のいちご（小粒）
　……適量

※ロールケーキの表面にクリームをぬらない場合は、生クリームを200㎖、ホワイトチョコレートを30gにする。

準備

・天板を2枚重ね、シルパットとオーブンペーパー（またはわら半紙を2枚重ねる）を敷き込む（A）。
　※天板を2枚重ねるのは、オーブンの下火のあたりをやわらげるため。ない場合は、厚紙をシルパットの下に敷く。

・チョコレートを湯せんにかけ、ゴムべらで混ぜて溶かし（B）、生クリームを少しずつ加えてよく混ぜる。冷蔵室に入れてしっかりと冷やす。

・オーブンを190度に予熱する。

・バターと米油を合わせて湯せんにかけて溶かし、冷めないように温めておく（p.12のA参照）。

スポンジシート

1　ボウルに卵黄とビートグラニュー糖30gを入れ、ハンドミキサーの高速で白っぽくなってとろみがつくまで泡立てる（C）。

2　別のボウルに卵白とビートグラニュー糖50gを入れてハンドミキサーの中速で泡立て、角が立つまでしっかりとしたメレンゲをつくる（D）。

3　2に1を加え（E）、ゴムべらでさっくりと混ぜる。薄力粉をふるい入れ、泡立て器ですくい上げながらボウル全体をなぞるように混ぜる（F）。

4　粉っぽさがなくなったら、溶かしたバターと米油を加え、ゴムべらで混ぜる。

5　天板に流し入れてカードで表面を平らにし（G）、190度のオーブンで12分焼く。

6　オーブンペーパーを持ち、天板からスライドさせるようにして生地を台の上におく。生地が乾かないように天板のシルパットを上面にかぶせ（軍手をする）、側面のオーブンペーパーをはがして冷ます（H）。

組み立て

7　いちごは洗って水けをきり、へたをとり、先端を少し切る。ボウルに万能こし器をのせ、切ったいちごの先端を入れてゴムべらでつぶし、ピュレ状にする（I）。先端を切ったいちごは、10粒はそのまま、8粒は縦半分に切る。

8　チョコレートを合わせた生クリームにレモン汁と7のいちごのピュレを加え（J）、1/5量を別のボウルに移し、冷蔵室で冷やす（コーティング用）。残りは八分立てにする（p.40

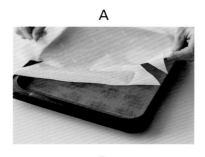

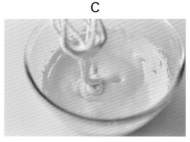

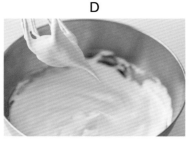

参照）。

9 スポンジにかぶせたシルパットをはずし、ラップをかけて上下を返し、上面のペーパーをはがす（K）。スポンジ（焼き色のついた面が下）に**8**の八分立てのクリームをパレットナイフで均一にぬり、巻き始め側にいちごを横向きに1列並べ（L）、奥側に縦半分に切ったいちごを2列に並べる（M）。

10 ラップごと持ち上げ、端から巻く（N）。巻いたあとはラップで包み、冷蔵室で1時間以上冷やす。

11 コーティング用のクリームを冷蔵室からとり出し、八分立てに泡立て、ケーキの表面にパレットナイフで筋を残すようにぬる（O）。トッピング用のいちごを縦半分に切って飾り、好みの厚さに切り分ける。

G	H	I

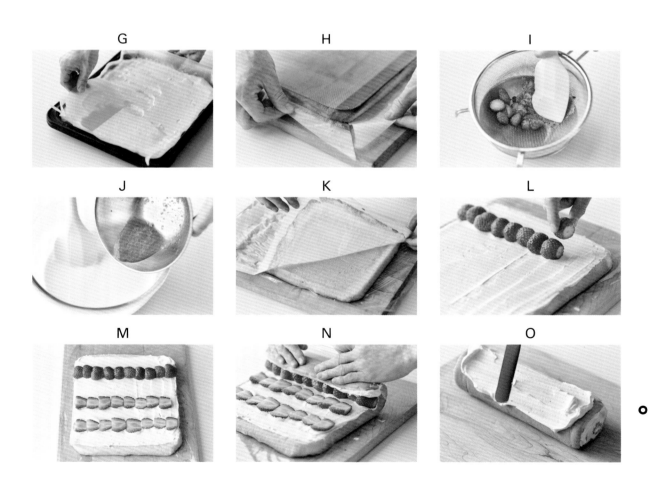

J	K	L
M	**N**	**O**

モカロールにクリームだけでなく、バナナを巻き込むのがatelier hらしさ。アクセントのプラリネも必須です。

バナナのコーヒーロールケーキ

Spring

材料

（25×29cmの天板1台分）

共立てスポンジシート（コーヒー風味）
| 卵……3個
| ビート糖……80g
| 薄力粉……50g
| 米油……10g
| コーヒー液（下記参照）……20㎖
バナナ……1 1/2〜2本
生クリーム（乳脂肪分45〜47%のもの）
　　　……170㎖
ビート糖……10g
コーヒー液（下記参照）……20㎖
コーヒー液
| コーヒー豆（中挽きのもの）……30g
| 熱湯……90㎖
プラリネ（作りやすい分量）
| アーモンドスライス……40g
| ビートグラニュー糖……40g
| 水……小さじ1

準備

・天板を2枚重ね、シルパットとオーブンペーパーを敷き込む（p.48のA参照）。
・オーブンを190度に予熱する。

コーヒー液

1　ボウルにコーヒー豆を入れて熱湯を注ぎ入れ、3分おく。茶こし（あれば網が二重になっているもの）でこし（A）、しっかりと搾り、40㎖を計量する（足りない場合は豆の入った茶こしに湯を注いで搾る）。

2　コーヒー液の20㎖をスポンジシートの米油と合わせ、よく混ぜておく。残りのコーヒー液は冷蔵室に入れて冷やす。

スポンジシート

3　p.55の共立てスポンジシートを参照してつくる。ビートグラニュー糖をビート糖にかえ、米油を米油とコーヒー液を合わせたものにかえる（B）。

組み立て

4　生クリームにビート糖と残りのコーヒー液を加え、1/3量を別のボウルに移し（トッピング用）、冷蔵室で冷やす。残りは八分立てにする（p.40参照）。

5　スポンジの上下を返して上面のペーパーをはがし、ラップをかけて再び上下を返す。スポンジ（焼き色のついた面が上）に4の八分立てのクリームをパレットナイフで均一にぬる。バナナは皮をむき、カーブのところでカットし、まっすぐになるように1列並べる（C）。

6　ラップごと持ち上げ、端から巻く（D）。ラップで包み、冷蔵室で30分以上冷やす。

7　プラリネをつくる。シルパットを敷いた天板にアーモンドスライスを広げ、160度に温めたオーブンで8分焼く。鍋にビートグラニュー糖と水を入れてふたをし、弱火にかける。色づき始めたらふたをとり、ときどき鍋を揺すって全体が茶色くなったら火を止める。アーモンドを加えて混ぜ（E）、シルパットの上に広げて冷ます（F）。

8　6を好みの厚さに切り、残りのクリームを冷蔵室からとり出して六分立てにし、上面にスプーンでのせ、小さく割ったプラリネを飾る。

A

B

C

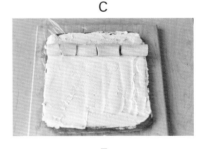

D

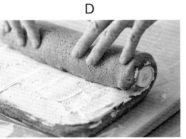

E

F

アメリカンチェリーを巻き込んだ初夏のロールケーキは、しっかり冷やして口溶けを楽しんで。

さくらんぼのチョコレートロールケーキ

Summer

材料

（25×29cmの天板1台分）

別立て米粉スポンジシート（ココア風味）

- 卵黄……3個分
- ビートグラニュー糖……30g
- 米油……20g
- 卵白……3個分
- ビートグラニュー糖……50g
- 米粉（薄力粉でも可）……40g
- ココアパウダー……10g

チョコレートクリーム

- セミスイートチョコレート
  （製菓用）……60g
- 生クリーム（乳脂肪分45～47％の
  もの）……200㎖
- 牛乳……20㎖

アメリカンチェリーのコンポート
  （p.124参照）……12～13粒

トッピング用の生クリーム、ビート
  グラニュー糖、さくらんぼ、ミン
  トの葉……各適量

準 備

・天板を2枚重ね、シルパットとオーブン
  ペーパーを敷き込む（p.48のA参照）。
・オーブンを180度に予熱する。

チョコレートクリーム

1　チョコレートはこまかく刻む。鍋に生クリーム20㎖と牛乳を入れて弱火にかけ、温める。

2　火からおろしてチョコレートを加え、ゴムべらで混ぜて溶かす。残りの生クリームを少しずつ加え（A）、よく混ぜる。ボウルに移し、冷蔵室に入れてしっかりと冷やす。

スポンジシート

3　p.48の別立てスポンジシートを参照してつくるが（4はとばす）、卵黄にビートグラニュー糖30gを加えて白っぽくなるまで泡立てたら、米油を加える。メレンゲに合わせ、薄力粉を米粉とココアにかえて合わせてふるい入れ、（B・C）180度のオーブンで11分焼く。

組み立て

4　アメリカンチェリーのコンポートはキッチンペーパーの上において水けをとる。

5　2を冷蔵室からとり出し、九分立てにする（p.40参照）（D）。

6　スポンジにかぶせたシルパットをはずし、ラップをかけて上下を返し、上面のペーパーをはがす。スポンジ（焼き色のついた面が下）に5をパレットナイフで均一にぬり（E）、巻き始め側にさくらんぼを1列並べる（F）。

7　ラップごと持ち上げ、端から巻く。ラップで包み、冷蔵室で30分以上冷やし、好みの厚さに切る。ビートグラニュー糖を加えて六分立てにした生クリームを上面にスプーンでのせ、さくらんぼとミントを飾る。

A	B	C

D	E	F
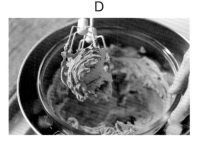	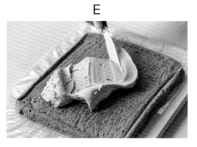	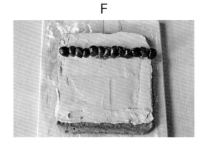

ちょっと特別な果物2つを巻き込んだ夏のスペシャルケーキ。ひと口ごとに違う味を楽しめます。

マンゴーと杏のロールケーキ

Summer

材料

（25×29cmの天板1台分）

共立てスポンジシート（プレーン）

　卵……3個

　ビートグラニュー糖……80g

　薄力粉……50g

　米油……30g

杏のコンポート（p.125参照）

　……10切れ

マンゴー……1/2個

生クリーム（乳脂肪分45〜47%のもの）

　……200㎖

ビートグラニュー糖……5g

レモン汁……小さじ1

準 備

・天板を2枚重ね、シルパットとオーブンペーパーを敷き込む（p.48のA参照）。

・オーブンを190度に予熱する。

スポンジシート

1　ボウルに卵とビートグラニュー糖を入れ、ハンドミキサーの低速で混ぜ、ビートグラニュー糖がなじんだら高速にして泡立てる。

2　すくったときに生地がしっかり残るくらいになったら（A）、低速でハンドミキサーの羽根をボウルの底から浮かすようにして混ぜ、キメをととのえる。

3　薄力粉をふるい入れ、泡立て器ですくい上げながらボウル全体をなぞるように混ぜる（B）。

4　粉っぽさがなくなったら米油を加え、ゴムべらで混ぜる。

5　天板に流し入れ（C）、表面を平らにし、190度のオーブンで12分焼く。

6　オーブンペーパーを持ち、天板からスライドさせるようにして生地を台の上におく。生地が乾かないように天板のシルパットを上面にかぶせ（軍手をする）、側面のオーブンペーパーをはがして冷ます。

組み立て

7　マンゴーは皮をむいて種を除き、くし形に切る。杏のコンポートはキッチンペーパーの上において水けをとる（D）。

8　生クリームにビートグラニュー糖、レモン汁を加え、八分立てにする（p.40参照）。

9　スポンジの上下を返して上面のペーパーをはがし、ラップをかけ、再び上下を返す。スポンジ（焼き色のついた面が上）に8をパレットナイフで均一にぬり、杏とマンゴーを3cmずつあけて各2列、交互に並べる（E）。

10　ラップごと持ち上げ、端から巻く（F）。ラップで包み、冷蔵室で30分以上冷やし、好みの厚さに切る。

A

B

C

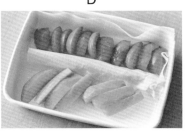
D

E

F

コンポートにした桃を巻き込んだ夏ならではのロールケーキ。ババロアにも桃のピュレを加えています。

桃のババロアロールケーキ

Summer

材料

（25×29cmの天板1台分）

別立てスポンジシート（プレーン）

- 卵黄……3個分
- ビートグラニュー糖……30g
- 卵白……3個分
- ビートグラニュー糖……50g
- 薄力粉……50g
- 米油……30g

桃のババロア

- 桃のコンポート（p.124参照）
  ……4切れ（150g）
- 粉ゼラチン……3g
- 水……小さじ2
- ビートグラニュー糖……20g
- 生クリーム（乳脂肪分45～47%の
  もの）……130ml

桃のコンポート……4切れ

準備

・天板を2枚重ね、シルパットとオーブン
ペーパーを敷き込む（p.48のA参照）。
・オーブンを190度に予熱する。

スポンジシート

1　p.48の別立てスポンジシート
を参照してつくるが、溶かしたバタ
ーと米油は米油のみにかえる。

桃のババロア

2　桃のコンポートは皮をとり除い
てブレンダーまたはミキサーにかけ
てピュレ状にする（A）。

3　器に水を入れ、ゼラチンを振り
入れてふやかす。

4　生クリームを八分立てにし（p.40
参照）、冷蔵室で冷やす。

5　鍋に2の半量を入れて弱火にか
け、沸騰直前まで温めたら火からお
ろし、3を加えてゴムべらで混ぜて
溶かす。ビートグラニュー糖を加え
て混ぜる。

6　2の残りを加えて混ぜたら、鍋
底を氷水にあて、とろみがつくまで
混ぜる（B）。

7　鍋を氷水からはずし、4を3回
に分けて加え、混ぜる（C）。

組み立て

8　桃のコンポートは皮をとり除い
て厚みを半分に切り（1/8個分になる）、
キッチンペーパーの上において水け
をとる。

9　スポンジにかぶせたシルパット
をはずし、ラップをかけて上下を返
し、上面のペーパーをはがす。ラッ
プごと天板に移し、スポンジ（焼き色
のついた面が下）に7をパレットナイ
フで均一にぬり（D）、8を6cmあけ
て2列並べる（E）。このまま冷蔵室
に入れて15分ほど冷やす。

10　天板からラップごと生地をはず
す。ラップごと持ち上げ、端から巻
く（F）。ラップで包み、冷蔵室で1
時間以上冷やし固め、好みの厚さに
切る。

※スポンジシートにバターを加えず米油の
み加えると、よりふんわりと軽やかに仕上
がる。

A
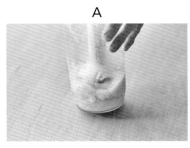

B

C

D

E

F

キャラメル風味の生地とフレッシュな無花果。大人好みのおいしい組み合わせです。

無花果のキャラメルロールケーキ

Autumn

材料

（25×29㎝の天板1台分）

別立てスポンジシート（キャラメル風味）

　卵黄……3個分

　キャラメルソース（下記参照）

　　……30g

　卵白……3個分

　ビートグラニュー糖……50g

　薄力粉……50g

　シナモンパウダー……小さじ1/4

　米油……20g

無花果……4〜6個

生クリーム（乳脂肪分45〜47％のもの）

　……200㎖

ビートグラニュー糖……10g

キャラメルソース（下記参照）……15g

※スポンジシートに加えた残り全量でOK。

ラム酒（好みで）……少々

キャラメルソース

　ビートグラニュー糖……40g

　湯……小さじ1

　湯……大さじ2

無花果ジャム（p.126参照）……適量

準 備

・天板を2枚重ね、シルパットとオーブン
　ペーパーを敷き込む（p.48のA参照）。

・オーブンを190度に予熱する。

キャラメルソース

1　鍋にビートグラニュー糖と湯小さじ1を入れてふたをし、弱火にかける。ビートグラニュー糖が溶けて色づき始めたらふたをとり、ときどき鍋を揺すって全体が茶色くなったら火を止める。湯大さじ2を少しずつ加え（A）、鍋をまわしてなじませる。耐熱のゴムべらで全体が均一になるように混ぜ（B）、冷ます。

スポンジシート

2　p.48の別立てスポンジシートを参照してつくるが、卵黄に加えるビートグラニュー糖をキャラメルソースにかえる（C）。シナモンは薄力粉と合わせてふるい入れる。溶かしたバターと米油は米油のみにかえる。

組み立て

3　無花果は皮をむき、縦4〜6等分に切る（D）。

4　生クリームにビートグラニュー糖、キャラメルソース、好みでラム酒を加え、八分立てにする（p.40参照）。

5　スポンジの上下を返して上面のペーパーをはがし、ラップをかけて再び上下を返す。スポンジ（焼き色のついた面が上）に4をパレットナイフで均一にぬり（E）、無花果を3㎝ずつあけて4列並べる（F）。

6　ラップごと持ち上げ、端から巻く。ラップで包み、冷蔵室で30分以上冷やし、好みの厚さに切る。無花果ジャムを添える。

A

B

C

D

E

F

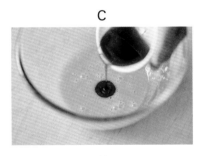

シンプルに砂糖とあえただけの栗を、チョコレート生地一面にたっぷり広げて巻き込みます。

栗のチョコレートロールケーキ

Autumn

材料

（25×29cmの天板1台分）

別立てスポンジシート（チョコレート風味）
- 卵黄……3個分
- ビート糖……20g
- 卵白……3個分
- ビート糖……50g
- 薄力粉……45g
- セミスイートチョコレート
  - （製菓用）……40g
- 米油……10g

生クリーム（乳脂肪分45〜47%のもの）
……200ml

ビート糖……10g

ラム酒……少々

栗そぼろ
- 栗（皮つき）……200g
- ビート糖……20g

ガナッシュ
- セミスイートチョコレート
  - （製菓用）……20g
- 牛乳……小さじ2

準 備

- ・天板を2枚重ね、シルパットとオーブンペーパーを敷き込む（p.48のA参照）。
- ・オーブンを190度に予熱する。
- ・スポンジシートのチョコレートはこまかく刻み、米油と合わせて湯せんにかけて溶かし、温めておく（p.12のA参照）。

栗そぼろ

1　大きめの鍋に栗とたっぷりの水を入れ、中火にかける。沸騰したら弱めの中火にして1時間ゆで、ざるにあげる。

2　包丁で半分に切ってスプーンで中身をすくい（p.32のA・B参照）、ボウルに入れる。150gを計量してビート糖を加え、混ぜる。

スポンジシート

3　p.48の別立てスポンジシートを参照してつくるが、ビートグラニュー糖をビート糖にかえる。溶かしたバターと米油をチョコレートと米油を合わせたものにかえる（A・B）。190度のオーブンで11分焼く。

組み立て

4　生クリームにビート糖、ラム酒を加え、八分立てにする（p.40参照）。

5　スポンジにかぶせたシルパットをはずし、ラップをかけて上下を返し、上面のペーパーをはがす。スポンジ（焼き色のついた面が下）に4をパレットナイフで均一にぬり（C）、栗そぼろを全体に散らし（D・E）、手で軽く押さえる。

6　ラップごと持ち上げ、端から巻く。ラップで包み、冷蔵室で30分以上冷やす。

7　ガナッシュをつくる。チョコレートはこまかく刻む。小鍋に牛乳を入れて弱火にかけ、沸騰したら火を止めてチョコレートを加える。ゴムべらでなめらかになるまで混ぜる。絞り袋に入れて先をカットし、ケーキの上面に絞り出す（F）。

A
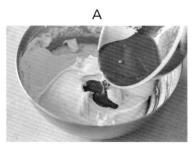

B

C
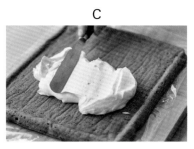

D

E

F
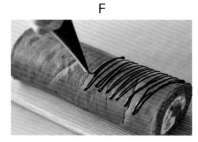

りんごと洋梨は簡単にコンポートにできるので、気軽につくってほしい。紅茶はアールグレイがおすすめ。

洋梨とりんごの紅茶ロールケーキ

Autumn

材料

（25×29cmの天板1台分）

別立てスポンジシート（紅茶風味）

- 卵黄……3個分
- ビート糖……30g
- 卵白……3個分
- ビート糖……50g
- 薄力粉……50g
- 紅茶液（下記参照）……20ml
- 米油……10g

りんごのコンポート（p.127参照）

……1個分

洋梨のコンポート（p.126参照）

……1個分

生クリーム（乳脂肪分45〜47％のもの）

……200ml

ビート糖……10g

紅茶液

- 紅茶の葉（アールグレイ）……10g
- ※紅茶はリーフの大きいものを使用
- 熱湯……60ml

準 備

・天板を2枚重ね、シルパットとオーブン
　ペーパーを敷き込む（p.48のA参照）。
・オーブンを190度に予熱する。

紅茶液

1　容器に紅茶の葉を入れて熱湯を
注ぎ入れ、ふたをして5分おく。茶
こしでこし、茶葉をしっかりと搾り、
35mlを計量する（足りない場合は茶葉
の入った茶こしに湯を注いで搾る）。

2　紅茶液の20mlをスポンジシー
トの米油と合わせ、よく混ぜておく。
残りの紅茶液は冷蔵室に入れて冷や
す。

スポンジシート

3　p.48の別立てスポンジシートを
参照してつくる。ビートグラニュー
糖をビート糖にかえ、溶かしたバタ
ーと米油を紅茶液と米油を合わせた
ものにかえる（A）。生地を天板に流
し入れ、表面を平らにしたら、紅茶
の葉（分量外）を端から1/4くらいの
位置（巻いたときに上面になる位置）に振
りかけて焼く（B）。

組み立て

4　洋梨のコンポートは厚みを半分
に切る。りんごと洋梨のコンポート
をキッチンペーパーの上において水
けをとる（C）。

5　生クリームにビート糖と残りの
紅茶液を加え、八分立てにする（p.40
参照）（D）。

6　スポンジにかぶせたシルパット
をはずし、ラップをかけて上下を返
し、上面のペーパーをはがす。スポ
ンジ（焼き色のついた面が下）を5をパレ
ットナイフで均一にぬり、りんごと
洋梨を3cmずつあけて各2列、交互
に並べる（E）。

7　ラップごと持ち上げ、端から巻
く（紅茶の葉を振りかけたところが上面に
なる）（F）。ラップで包み、冷蔵室で
30分以上冷やし、好みの厚さに切
る。

A

B

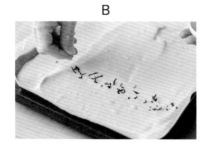

C

D

E

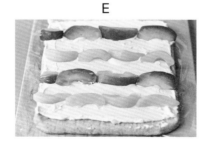

F

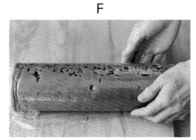

浮島という蒸した和菓子をイメージしてつくりました。ゆずの香りを生かした和風ロールケーキです。

ゆずの白あんロールケーキ

Winter

材料
（25×29cmの天板1台分）

別立て米粉スポンジシート（白あん風味）
- 卵黄……3個分
- ビート糖……25g
- バター（食塩不使用）……30g
- 白あん（市販）……50g
- ゆずの皮のすりおろし……1個分
- 卵白……3個分
- ビート糖……50g
- 米粉……45g

生クリーム（乳脂肪分45〜47％のもの）
……150㎖

白あん（市販）……50g

ゆずジャム（p.129参照）……60g

ゆずピール（p.129参照）……適量

準備
- ・天板を2枚重ね、シルパットとオーブンペーパーを敷き込む（p.48のA参照）。
- ・オーブンを190度に予熱する。
- ・バターを湯せんにかけて溶かし、白あん50gを加えて泡立て器でよく混ぜ（A）、温めておく（p.12のA参照）。

スポンジシート
1　p.48の別立てスポンジシートを参照してつくるが（4はとばす）、ビートグラニュー糖をビート糖、薄力粉を米粉にかえる。卵黄にビート糖を加えて白っぽくなるまで泡立てたら、バターと白あんを合わせたもの（B）とゆずの皮を加える。190度のオーブンで11分焼く。

組み立て
2　生クリームに白あんを加え（C）、八分立てにする（p.40参照）。
3　スポンジの上下を返して上面のペーパーをはがし、ラップをかけて再び上下を返す。スポンジ（焼き色のついた面が上）にゆずジャムをスプーンで全体にぬり（D）、2をパレットナイフで均一にぬる（E）。
4　ラップごと持ち上げ、端から巻く（F）。ラップで包み、冷蔵室で1時間以上冷やし、好みの厚さに切る。上面にゆずピールをのせる。

| A | B | C |
| D | E | F |

輪切りにしたレモンと金柑をスポンジシートといっしょに焼き、紅まどんなの果肉と金柑を中に巻き込みました。

柑橘のロールケーキ

Winter

材料

（25×29cmの天板1台分）

別立てスポンジシート（レモン風味）

- 卵黄……3個分
- ビートグラニュー糖……30g
- 卵白……3個分
- ビートグラニュー糖……50g
- 薄力粉……50g
- バター（食塩不使用）……30g

レモン（国産のもの）……1個

金柑……6個

オレンジ（紅まどんな）……1個

※せとかなどほかの国産オレンジでも可。

ビートグラニュー糖……小さじ1

はちみつ……20g

生クリーム（乳脂肪分45～47％のもの）
……170ml

ホワイトチョコレート（製菓用）
……15g

はちみつ……10g

準備

・天板を2枚重ね、シルパットとオーブンペーパーを敷き込む（p.48のA参照）。
・オーブンを190度に予熱する。
・バターを湯せんにかけて溶かし、温めておく（p.12のA参照）。
・チョコレートはこまかく刻み、湯せんにかけて溶かす。生クリームを少しずつ加えてゴムべらで混ぜ、冷蔵室に入れて冷やす。

スポンジシート

1　レモンと金柑はよく洗う。レモンは薄い輪切りを5～6切れとり、バットに並べる。金柑は薄い輪切りにし、種をとり除き、きれいなものを15切れバットに並べる。茶こしを通してビートグラニュー糖小さじ1を振りかける（A）。

2　1の残りのレモンは皮をすりおろし（表面の黄色い部分だけ）、果汁を搾り、小さじ1を計量する。残りの金柑の輪切りは別のバットに並べ、はちみつ20gをかけておく。オレンジは包丁で皮をむき、薄皮に包丁を入れて果肉をとり出す（B・C）。

3　1の水けをキッチンペーパーでふき、天板にバランスよく並べる。スポンジシートはp.48の別立てスポンジシートを参照してつくるが、薄力粉を加えたあとにレモンの皮を加え、溶かしたバターと米油を溶かしたバターのみにかえる。生地を流し入れて焼く（D）。

組み立て

4　オレンジとはちみつをかけた金柑はキッチンペーパーの上において水けをとる。

5　冷蔵室から生クリームとチョコレートを合わせたものをとり出し、はちみつ10gと2のレモン汁を加え、八分立てにする（p.40参照）。

6　スポンジの上下を返して上面のペーパーをはがし（E）、ラップをかけて再び上下を返す。スポンジ（焼き色のついた面が上）に5をパレットナイフで均一にぬり、オレンジ3列、金柑2列を交互に並べる（F）。

7　ラップごと持ち上げ、端から巻く。ラップで包み、冷蔵室で30分以上冷やす。

A

B

C
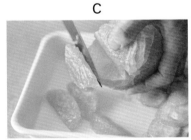

D
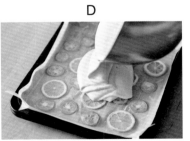

E
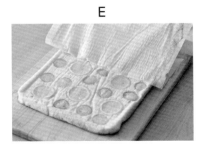

F
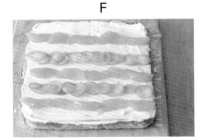

TABLEWARE

いろいろ
使える器

お菓子をおいしそうに引き立ててくれるのは、
白いお皿や自然素材のもの。
白といってもさまざまあり、
お菓子とのコーディネートを楽しみます。

白い器

ホールをのせたり、盛りつけたりは、直径18
〜23cmが便利。平らな部分が広く、高さの
ないリムが盛りつけやすく、食べやすい。

小さい器

小さなお皿に盛りつけるとお菓子がかわいく
見えるので、少しずつ買い集めました。おそ
ろいでなくてOK。果物や和菓子をおいても。

楕円の大皿

ロールケーキやパウンドケーキを盛りつけま
す。その上でも切り分けやすく、とり分けや
すいです。お菓子のおき方も楽しめます。

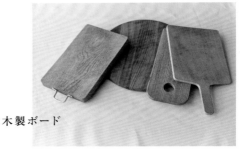

木製ボード

木の質感が好き。道具としてもトレーや器と
しても使え、出したままでもインテリアにな
じむので、いつの間にか増えました。

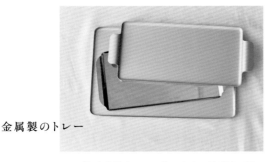

金属製のトレー

のばした生地やロールケーキを、冷蔵室で冷
やすときによく使います。カットしたお菓子
を並べて、トレーや器代わりにも。

紙ナプキン

口をふいたり、お菓子を包んだり、テーブル
コーディネートのアクセントにしたり。手軽
な値段で、季節感や雰囲気をつくれます。

TART &
PIE

3　季節のタルトとパイ

アーモンドクリームに焼き込んだいちご、煮詰めたソース、生のいちご、3種類のいちごの味を楽しめます。

いちごのタルト

Spring

材料

（直径16cmのタルトリング型1台分）

タルト生地（プレーン）
- バター（食塩不使用）……60g
- 和三盆糖（または粉糖）……30g
- 塩……少々
- 卵黄……1個分
- 薄力粉……100g
- 打ち粉（強力粉）……適量

アーモンドクリーム
- バター（食塩不使用）……60g
- ビート糖（またはきび糖）……45g
- 卵……1個
- アーモンドパウダー……60g
- 薄力粉……15g
- キルシュ……小さじ1

いちごのマリネ
- いちご（小粒）……8個
- ビートグラニュー糖
  　……いちごの重さの1割
- レモン汁……小さじ1/2

いちごソース
- いちご……正味100g
- ビートグラニュー糖……30g
- レモン汁……小さじ2

トッピング用のいちご（小粒）
　……約20粒

生クリーム……適量

準備

・バター、卵黄、卵は室温にもどす。

タルト生地

1　ボウルにバターを入れ、ゴムべらで練り、和三盆糖と塩を加えてよく混ぜる。

2　卵黄を加えて混ぜ（A）、薄力粉をふるい入れて混ぜる（B）。全体がなじんだらひとまとめにし、台に打ち粉をしてのせ、手のひらのつけ根で押し出すようにしてこねる（C）。160gと40gに分け（D）、それぞれラップで包み、冷蔵室に入れて1時間以上休ませる。

3　台にラップを敷いて160gの生地をのせ、ときどき打ち粉をしながら、めん棒で3mm厚さ、型よりもひとまわり大きくなるようにまるくのばす（E・F）。台にシルパットを敷いて型をのせ、ラップごと生地を持ち上げて（G）、逆さにして型にかぶ

せる。生地を型に敷き込み、余分な生地を包丁で切り落とす（H）。ラップをかけてシルパットごとトレーなどにのせて冷蔵室に入れ、1時間以上休ませる。

4　オーブンを160度に予熱する。生地をシルパットごと天板にのせ、オーブンペーパーを敷いて重石をのせ（I）、160度のオーブンで15分焼く。重石とオーブンペーパーをはずし、さらに10〜15分、全体に焼き色がつくまで焼く。型に入れたまま網の上で冷ます（J）。

いちごのマリネ

5　いちごは洗って水けをきり、へたをとり、半分に切る。ボウルに入れ、ビートグラニュー糖とレモン汁を加えて混ぜる。

アーモンドクリーム

6　ボウルにバターを入れ、ゴムべ

A

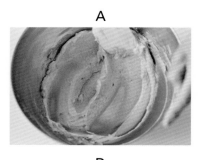

B

C

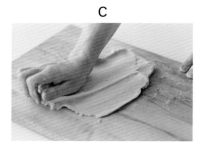

D

E

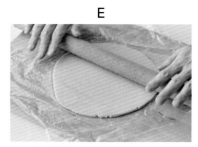

F

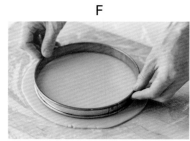

らでやわらかいクリーム状になるまで練る。ビート糖を加え、よく混ぜる。泡立て器にかえ、しっかりと混ぜる。

7　割りほぐした卵を3回に分けて加え、そのつどよく混ぜる。

8　アーモンドパウダーと薄力粉を合わせてふるい入れ、ゴムべらでなめらかになるまで混ぜる。キルシュを加え、混ぜる。

9　タルトに入れて（少し余る）（K）表面を平らにし、5をキッチンペーパーで水をふいてからのせ（L）、160度に温めたオーブンで35分焼く。型からはずして網の上で冷ます。

仕上げ

10　トッピング用のいちごは洗って水けをきり、へたをとる。

11　いちごソースをつくる。いちごはブレンダーまたはミキサーにかけてピュレ状にし、鍋に入れる。ビートグラニュー糖とレモン汁を加え、弱火にかけて5〜10分ほど煮る。

12　熱いうちにトッピング用のいちごをひと粒ずつソースにくぐらせ（M）、タルトの上にのせる（N）。切り分け、泡立てた生クリームを添える。

※タルト生地は2または3の状態で、冷蔵室で3日、冷凍室で1カ月ほど保存できる。
※残りのタルト生地40gは、小さな型（直径10cm）に敷き込み、残りのアーモンドクリームといちごを入れていっしょに焼くと、小さなタルトができる（O）。また、残りのタルト生地はクッキーにするのもおすすめ（p.43参照）。
※直径20cmのタルト型でつくる場合は、タルト生地とアーモンドクリームを全量使う。

G

H

I

J

K

L

M

N

O

サクッと焼いたタルト生地にバナナを並べ、熱々のチョコカスタードで覆うと、全体がしっかりとなじみます。

バナナのチョコレートタルト

Spring

材料
（直径16cmのタルトリング型1台分）

タルト生地（ココア風味）
- バター（食塩不使用）……60g
- 和三盆糖（または粉糖）……30g
- 塩……少々
- 卵黄……1個分
- 薄力粉……90g
- ココアパウダー……10g
- 打ち粉（強力粉）……適量

チョコレートカスタード
- 卵黄……2個分
- ビート糖……40g
- バニラビーンズ……2cm
- 米粉……12g
- 牛乳……200ml
- セミスイートチョコレート
  （製菓用）……30g

バナナ……2 1/2本
生クリーム……90ml
ビート糖……5g
生くるみ……適量

準 備
・バター、卵黄は室温にもどす。
・くるみは160度に温めたオーブンで7分焼く。

タルト生地
1 p.72を参照してタルト生地をつくるが、ココアは薄力粉と合わせてふるい入れる（A）。160度のオーブンで重石をのせて20分、重石をはずしてさらに10分焼く。型からはずして網の上で冷ます（B）。

チョコレートカスタード
2 鍋に牛乳を入れる。バニラビーンズはさやに切り込みを入れ、種をとり出してビート糖と混ぜ（p.85のG参照）、さやは牛乳に加える。

3 ボウルに卵黄を入れ、バニラビーンズを合わせたビート糖を加え、泡立て器でよく混ぜる。米粉をふるい入れて混ぜる。

4 牛乳とバニラビーンズのさやが入った鍋を弱火にかけ、沸騰しない程度に温めて火からおろす。3に少しずつ加え、そのつど混ぜる。

5 万能こし器でこしながら鍋に戻し、たえずゴムべらで混ぜながら、弱火にかける。ふつふつとしてとろみがついたら、火を止める。チョコレートを加え（C）、泡立て器でよく混ぜる。

仕上げ
6 タルトに5の半量を入れて表面を平らにし、バナナ1 1/2本を1cm厚さに切って並べる（D）。5の残りを入れ（E）、表面を平らにする。あら熱がとれたら冷蔵室で冷やす。

7 生クリームにビート糖を加えて八分立てにし（p.40参照）、6にスプーンで少しずつ盛る（F）。残りのバナナを1cm厚さに切って飾り、くるみを散らす。

※残りのタルト生地の利用法と保存方法はp.73参照。
※直径20cmのタルト型でつくる場合は、タルト生地を全量使い、チョコレートカスタードの量を1.5倍にする。

A

B

C

D

E

F

一年じゅう見かけるグレープフルーツですが、春がいちばんおいしい。クリームにも果汁をたっぷり加えます。

グレープフルーツのパイ

Spring

材料
（直径16cmのタルト菊型1台分）
練りパイ生地
薄力粉……40g
強力粉……40g
塩……少々
バター（食塩不使用）……50g
水……大さじ2
酢……少々
打ち粉（強力粉）……適量
グレープフルーツ風味のクリーム
ビートグラニュー糖……40g
卵……70g（約1 1/2個）
バター（食塩不使用）……15g
粉ゼラチン……2g
水……小さじ1 1/2
生クリーム……50㎖
グレープフルーツ（白、ピンク）
……各1個
飾り用のミントの葉……適量

準 備
・バター（パイ生地用、クリーム用ともに）は1.5cm角に切って冷蔵室に入れる。
・パイ生地の水に酢を加えて混ぜる。
・パイ生地のすべての材料を冷蔵室に入れて冷やす。
・天板にシルパットまたはオーブンペーパーを敷く。

練りパイ生地
1　p.84の練りパイ生地を参照してつくる。200度のオーブンで重石をのせて15分、重石をはずし、180度に下げてさらに15分焼く。型に入れたまま網の上で冷ます。

グレープフルーツ風味のクリーム
2　グレープフルーツは皮をむき、薄皮をむいて種をとり除く（p.17のB参照）。トッピング用にきれいな果肉をバットにとり分け、ラップをかけて冷蔵室で冷やす。ボウルに万能こし器をのせ、つぶれた果肉やむいたときに出てきた果汁を入れ、ゴムべらでつぶして、50㎖計量する（A）。

3　器に水を入れ、ゼラチンを振り入れてふやかす。
4　生クリームを八分立てにし（p.40参照）、冷蔵室で冷やす。
5　ボウルにグレープフルーツの果汁とビートグラニュー糖を入れ、泡立て器で混ぜる。割りほぐした卵を加えてよく混ぜ、冷たいバターを加え（B）、弱火の湯せんにかけながらとろみがつくまで10分ほど混ぜる（C）。
6　湯せんからはずし、3を加えて混ぜたら、氷水にあてて冷やす。4を加え（D）、泡立て器でよく混ぜ（E）、パイに入れて表面を平らにする。

仕上げ
7　トッピング用のグレープフルーツをキッチンペーパーで水けをふいてから、白とピンクを交互に並べ（F）、ミントを飾る。冷蔵室で30分以上冷やすと切りやすい。

※パイ生地の保存方法はp.85参照。

A

B

C
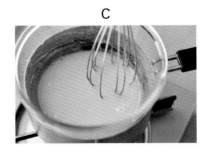

D

E

F

さくらんぼといえば、クラフティ。定番のタルトですが、佐藤錦のコンポートでつくると、見た目も味もやさしい。

さくらんぼのクラフティ

Summer

材料

（直径16cmのタルトリング型1台分）

タルト生地（プレーン）

バター（食塩不使用）……60g

和三盆糖（または粉糖）……30g

塩……少々

卵黄……1個分

薄力粉……100g

打ち粉（強力粉）……適量

アパレイユ

薄力粉……10g

ビート糖……30g

バニラビーンズ……2cm

生クリーム……100ml

卵……1個

さくらんぼのコンポート（p.124参照）

……20粒

飾り用のハーブ

（ストロベリーミント）……適量

準備

・バター、卵黄、卵は室温にもどす。

タルト生地

1　p.72を参照してタルト生地をつくる。160度のオーブンで重石をのせて15分、重石をはずしてさらに10〜15分焼く。型に入れたまま網の上で冷ます。

アパレイユ

2　バニラビーンズはさやに切り込みを入れ、種をとり出してビート糖と混ぜる（p.85のG参照）。さやはとっておく。

3　ボウルに薄力粉とバニラビーンズを混ぜたビート糖を合わせてふるい入れ、泡立て器でよく混ぜる。生クリームを少しずつ加え（A）、そのつど混ぜる。

4　卵を割り入れ（B）、よく混ぜる（C）。

5　バニラのさやを加え、ラップをかけて室温（涼しい場所で）で30分休ませる。

仕上げ

6　オーブンを160度に予熱する。さくらんぼのコンポートはキッチンペーパーの上において水けをとる。タルトに並べ（D）、5を流し入れる（少し余る）（E）。160度のオーブンで25分焼き、型からはずして網の上で冷ます。

※入りきらなかったアパレイユはココットに入れて焼くと、小さなお菓子ができる（F右）。

※残ったタルト生地の利用法と保存方法はp.73参照。

※直径20cmのタルト型でつくる場合は、タルト生地とアパレイユを全量使う。

A

B

C

D

E

F

旬が短い杏は、見つけたらまずはコンポートにして次にタルトを焼きます。
タルトの端の焦げ目が焼き上がりのサインです。

杏のタルト

Summer

材料

（直径16cmのタルトリング型1台分）

タルト生地（強力粉と米粉・プレーン）

- バター（食塩不使用）……60g
- 和三盆糖（または粉糖）……30g
- 塩……少々
- 卵黄……1個分
- 強力粉……80g
- 米粉……20g
- 打ち粉（強力粉）……適量

アーモンドクリーム

- バター（食塩不使用）……60g
- ビート糖（またはきび糖）……45g
- 卵……1個
- アーモンドパウダー……60g
- 薄力粉……15g
- レモンの皮（国産のもの）の
  すりおろし……1/2個分
- アマレット……小さじ1

杏のコンポート（p.125参照）
　……450～500g

杏ジャム……20g

準備

・バター、卵黄、卵は室温にもどす。

タルト生地

1　p.72を参照してタルト生地をつくるが、薄力粉を強力粉と米粉にかえ、合わせてふるい入れる。160度のオーブンで重石をのせて15分、重石をはずしてさらに10～15分焼く。型に入れたまま網の上で冷ます。

アーモンドクリーム

2　ボウルにバターを入れ、ゴムべらでやわらかいクリーム状になるまで練る。ビート糖を加え、よく混ぜる。泡立て器にかえ、しっかりと混ぜる。

3　割りほぐした卵を3回に分けて加え、そのつどよく混ぜる（A）。

4　アーモンドパウダーと薄力粉を合わせてふるい入れ（B）、レモンの皮とアマレットを加え（C）、ゴムべらでなめらかになるまで混ぜる（D）。

仕上げ

5　オーブンを160度に予熱する。杏のコンポートはキッチンペーパーの上において水けをとる。タルトに杏ジャムをスプーンでぬる。

6　4を入れ（少し余る）（E）、平らにして杏のコンポートを外側から並べる（F）。160度のオーブンで40～45分焼き、型からはずして網の上で冷ます。

※タルト生地を強力粉と米粉でつくると、よりサクッとした生地になり、アーモンドクリームとの相性がよい。

※残ったタルト生地の利用法と保存方法はp.73参照。

※直径20cmのタルト型でつくる場合は、タルト生地とアーモンドクリームを全量使う。

A

B

C

D

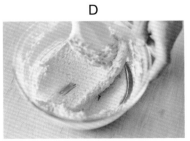

E

F

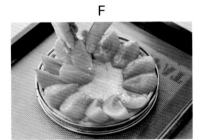

7月頃からふた月ほど出回る桃。クリームチーズ入りのカスタードのコクと酸味が全体を引き立てます。

桃のパイ

Summer

材料

（直径16cmのタルト菊型1台分）

練りパイ生地

薄力粉……40g

強力粉……40g

塩……少々

バター（食塩不使用）……50g

水……大さじ2

酢……少々

打ち粉（強力粉）……適量

カスタードクリーム

卵黄……2個分

ビートグラニュー糖……40g

バニラビーンズ……2cm

米粉……15g

牛乳……200ml

クリームチーズ……50g

桃のコンポート（p.124参照）

　　……2個分

生クリーム……50ml

ビートグラニュー糖……5g

トッピング用のブルーベリー

　　……適量

準備

・バターは1.5cm角に切る。

・水に酢を加えて混ぜる。

・パイ生地のすべての材料を冷蔵室に入れて冷やす。

・天板にシルパットまたはオーブンペーパーを敷く。

練りパイ生地

1　ボウルに薄力粉、強力粉、塩を合わせてふるい入れ、バターを加えてさらさらの状態になるまでカードでこまかく刻む（A）。酢水を加え、ゴムべらでさっと混ぜる（B）。

2　台の上にのせ、手でひとまとめにし（C）、ラップで包んで冷蔵室に入れて1時間以上休ませる（D）。

3　台に打ち粉をして**2**をのせ、ときどき上下を返しながら、めん棒で2mm厚さにまるくのばし（E）、型に敷き込む。余分な生地を指でとり除き、フォークで空気穴をあける。ラップをかけて冷蔵室に入れ、1時間以上休ませる。

4　オーブンを200度に予熱する。生地を天板にのせ、オーブンペーパーを敷いて重石をのせ、200度のオーブンで15分焼く。重石とオーブンペーパーをはずし、180度に下げてさらに15分焼く。型に入れたまま網の上で冷ます（F）。

カスタードクリーム

5　鍋に牛乳を入れる。バニラビーンズはさやに切り込みを入れ、種をとり出してビートグラニュー糖と混ぜ（G）、さやは牛乳に加える。

6　ボウルに卵黄を入れ、バニラビーンズを合わせたビートグラニュー糖を加え、泡立て器でよく混ぜる。米粉をふるい入れ（H）、混ぜる。

7　牛乳とバニラビーンズのさやが入った鍋を弱火にかけ、沸騰しない程度に温めて火からおろす。**6**に少しずつ加え（I）、そのつど混ぜる。

A　　　　　　　　B　　　　　　　　C

D　　　　　　　　E　　　　　　　　F

8 万能こし器でこしながら鍋に戻し（J）、たえずゴムべらで混ぜながら、弱火にかける。ふつふつとしてとろみがついたら、火を止める。

9 クリームチーズを加え（K）、泡立て器でよく混ぜる。パイに流し入れて表面を平らにし、あら熱がとれたら冷蔵室で冷やす。

仕上げ

10 桃のコンポートは皮をとり除き、キッチンペーパーの上において水けをとり、9に並べる（L）。生クリームにビートグラニュー糖を加えて八分立てにし（p.40参照）、まん中にのせてブルーベリーを散らす。冷蔵室で30分以上冷やすと切りやすい。

※パイ生地は2または3の状態で、冷蔵室で1日、冷凍室で1カ月ほど保存できる。
※3でとり除いたパイ生地は、タルトのわきにおいていっしょに焼き、ジャムなどをつけて食べるのがおすすめ。

少しやわらかめの柿をゆず果汁でマリネして、柿ジャムを厚めにぬったタルトに盛りつけました。

柿のタルト

autumn

材料

（直径16cmのタルトリング型1台分）

タルト生地（強力粉と米粉・ゆず風味）
- バター（食塩不使用）……60g
- 和三盆糖（または粉糖）……30g
- 塩……少々
- ゆずの皮のすりおろし……1/3個分
- 卵黄……1個分
- 強力粉……80g
- 米粉……20g
- 打ち粉（強力粉）……適量

アーモンドクリーム
- バター（食塩不使用）……60g
- ビート糖（またはきび糖）……45g
- 卵……1個
- アーモンドパウダー……60g
- 薄力粉……15g
- ゆずの皮のすりおろし……1/3個分

柿のマリネ
- 柿……2個
- ゆずの搾り汁……1個分
- ビートグラニュー糖……大さじ1

柿ジャム（つくりやすい分量）
- 柿……正味200g
- ビートグラニュー糖……60g
- ゆずの搾り汁（またはレモン汁）……小さじ1

飾り用のゆずの皮……適量

準備

・バター、卵黄、卵は室温にもどす。

タルト生地

1　p.72を参照してタルト生地をつくる。塩を加えたあとにゆずの皮を加え、薄力粉を強力粉と米粉にかえ、合わせてふるい入れる。160度のオーブンで重石をのせて15分、重石をはずしてさらに10〜15分焼く。型に入れたまま網の上で冷ます。

柿のマリネと柿ジャム

2　マリネをつくる。柿は皮をむいて12等分のくし形に切り、ボウルに入れる。ゆずの搾り汁とビートグラニュー糖を加えて混ぜ、冷蔵室に入れて1時間以上冷やす（A）。

3　ジャムをつくる。柿は小さく切って鍋に入れる。ビートグラニュー糖、ゆずの搾り汁を加え、中火にかけ、煮くずれしてとろりとするまで10分ほど煮る。

アーモンドクリーム

4　ボウルにバターを入れ、ゴムべらでやわらかいクリーム状になるまで練る。ビート糖を加え、よく混ぜる。泡立て器にかえ、しっかりと混ぜる。

5　割りほぐした卵を3回に分けて加え、そのつどよく混ぜる。

6　アーモンドパウダーと薄力粉を合わせてふるい入れ、ゴムべらでなめらかになるまで混ぜる。ゆずの皮を加え（B）、混ぜる。

7　オーブンを160度に予熱する。タルトに入れて表面を平らにし（少し余る）（C）、160度のオーブンで30分焼き、型からはずして網の上で冷ます。

仕上げ

8　柿のマリネはキッチンペーパーの上において水けをとる。7に柿ジャム50gをスプーンで全体にぬり（D）、柿のマリネを外側から並べる（E・F）。ゆずの皮を細く切ったものを飾る。

※残ったタルト生地の利用法と保存方法はp.73参照。

※直径20cmのタルト型でつくる場合は、タルト生地とアーモンドクリームを全量使う。

A

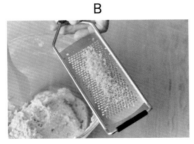

B

C

D

E

F

無花果はあふれそうなくらいぎゅっと並べて焼きます。加熱して濃縮された無花果を味わってほしい。

無花果のタルト

Autumn

材料

(直径20cmのタルトリング型1台分)

タルト生地 (強力粉と米粉・プレーン)

　バター (食塩不使用) ……60g

　和三盆糖 (または粉糖) ……30g

　塩……少々

　卵黄……1個分

　強力粉……80g

　米粉……20g

　打ち粉 (強力粉) ……適量

アーモンドクリーム

　バター (食塩不使用) ……60g

　ビート糖 (またはきび糖) ……45g

　卵……1個

　アーモンドパウダー……45g

　薄力粉……15g

　ピスタチオ (殻と薄皮をとり除いたもの)

　　……15g

　※なければアーモンドパウダーを60gにする。

　ラム酒……小さじ1

無花果 (小) ……6〜8個

無花果ジャム (p.126参照) ……50g

準備

・バター、卵黄、卵は室温にもどす。

・ピスタチオはミキサーにかけてこまかくする。

・天板にシルパットまたはオーブンペーパーを敷く。

練りパイ生地

1　p.72を参照してタルト生地をつくるが、薄力粉を強力粉と米粉にかえ、合わせてふるい入れる。160度のオーブンで重石をのせて15分、重石をはずしてさらに10〜15分焼く。型に入れたまま網の上で冷ます。

アーモンドクリーム

2　ボウルにバターを入れ、ゴムべらでやわらかいクリーム状になるまで練る。ビート糖を加え、よく混ぜる。泡立て器にかえ、しっかりと混ぜる。

3　割りほぐした卵を3回に分けて加え、そのつどよく混ぜる。

4　アーモンドパウダー、薄力粉、ピスタチオをこまかくしたものを合わせてふるい入れ (A)、ゴムべらでなめらかになるまで混ぜる。ラム酒を加えて混ぜる。

仕上げ

5　無花果はさっと洗って水けをふき、皮つきのまま縦4〜6等分に切る。タルトに無花果ジャムをスプーンでぬる (B)。

6　オーブンを160度に予熱する。4を入れて平らにし (少し余る) (C)、無花果を外側から並べる (D・E)。160度のオーブンで50分焼き、型からはずして網の上で冷ます。

※残ったアーモンドクリームは、バター (分量外) をぬったプリン型に入れ、無花果 (分量外) をのせて20分焼くと小さな焼き菓子ができる (F)。

※直径16cmのタルト型でつくる場合とタルト生地の保存方法は、p.72参照。

A

B
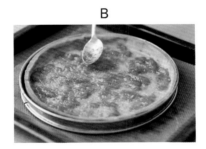

C

D

E

F

栗の渋皮煮をパイ生地で包んで、コロンとしたマロンパイに仕立てます。上手に焼けたら手みやげに。

栗のパイ

autumn

材料
（6個分）

練り折りパイ生地
薄力粉……50g
強力粉……50g
塩……1g強
バター（食塩不使用）……60g
水……40㎖
酢……少々
打ち粉（強力粉）……適量

アーモンドクリーム
バター（食塩不使用）……20g
ビート糖（またはきび糖）……15g
卵……20g（約1/2個）
アーモンドパウダー……20g
薄力粉……5g
ラム酒……小さじ1/2
栗の渋皮煮（p.128参照、
くずれたものでよい）……1個

栗の渋皮煮……6個
卵黄……1/2個分
水……小さじ1/4

準 備
・パイ生地用のバターは1.5㎝角に切る。
・水に酢を加えて混ぜる。
・パイ生地のすべての材料を冷蔵室に入れて冷やす。
・天板にシルパットまたはオーブンペーパーを敷く。
・アーモンドクリーム用のバターと卵を室温にもどす。

練り折りパイ生地
1　p.96の練り折りパイ生地の1・2を参照してつくる（A）。生地をとり出し、打ち粉をして、ときどき上下を返して90度回転させながら、2㎜厚さ、30×20㎝くらいの長方形にのばす。バットにのせ、ラップをかけて冷蔵室で1時間休ませる（B）。

アーモンドクリーム
2　ボウルにバターを入れ、ゴムべらでやわらかいクリーム状になるまで練る。ビート糖を加え、よく混ぜる。泡立て器にかえ、しっかりと混ぜる。

3　割りほぐした卵を3回に分けて加え、そのつどよく混ぜる。
4　アーモンドパウダー、薄力粉を合わせてふるい入れ、なめらかになるまで混ぜる。ラム酒を加えて混ぜ、栗の渋皮煮を加え、泡立て器でつぶして混ぜる（C）。

仕上げ
5　オーブンを200度に予熱する。パイ生地をとり出し、包丁（またはキッチンばさみ）で約10㎝四方に6枚切り、中央に4を約大さじ1と栗の渋皮煮1個をのせる（アーモンドクリームは少し余る）（D）。栗をおおうように生地を折る（いちばん上になる生地は、包丁で切った切り口がきれいな辺にするとよい）（E）。残りも同様にする。
6　天板にのせ、溶いた卵黄と水を合わせ、適量を表面にハケでぬる（パイ生地の切り口にはぬらない）（F）。200度のオーブンで35分焼き、網の上で冷ます。

A
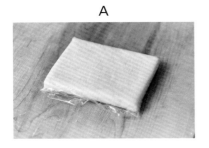

B
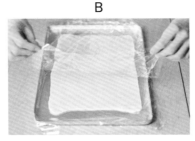

C

D

E
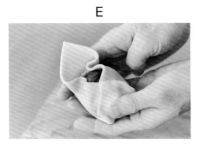

F

焼きりんごを型に入れて飴色になるまで焼き込みます。りんごはふじでつくっても、味わい深くておいしい。

タルトタタン

Winter

材料

（直径16cmのマンケ型1台分）

練りパイ生地

薄力粉……40g

強力粉……40g

塩……少々

バター（食塩不使用）……50g

水……大さじ2

酢……少々

打ち粉（強力粉）……適量

焼きりんご

りんご（紅玉）……8個

ビートグラニュー糖……70g

レモン汁……大さじ1

バター（食塩不使用）……15g

準備

・パイ生地用のバターは1.5cm角に切る。

・水に酢を加えて混ぜる。

・パイ生地のすべての材料を冷蔵室に入れて冷やす。

練りパイ生地

1　p.84の練りパイ生地の1・2を参照してつくる。生地をとり出し、台に打ち粉をしてのせ、ときどき上下を返しながら、めん棒で3mm厚さにまるくのばす。バットにのせ、ラップをかけて冷蔵室で1時間以上休ませる。

焼きりんご

2　生地を休ませている間に焼きりんごをつくる。りんごは皮をむき、6等分のくし形に切って芯をとり、ボウルに入れる。ビートグラニュー糖を加えてまぶし、レモン汁を加える。

3　オーブンを160度に予熱する。アルミホイルとオーブンペーパーを敷いた天板にりんごを重ならないように並べ、バターをちぎって全体にちらす。160度のオーブンで30分焼き、とり出してりんごの上下を返し、薄茶色になるまでさらに30分焼く（A）。焼き上がったら、容器に移して冷ます。

仕上げ

4　オーブンを200度に予熱する。パイ生地をとり出し、型を逆さにしてのせ、縁に合わせてまるく切る（B）。シルパットを敷いた天板にのせてフォークで空気穴をあけ、200度のオーブンで15分、180度に下げてさらに10分焼く。焼き上がったら、網の上で冷ます（C）。

5　型にバター（分量外）をしっかりぬり、ビートグラニュー糖大さじ1（分量外）をまぶす。3のりんごを外側から並べ（D）、中央にもぎゅっと詰める（型の高さより少し高めに敷きつめる）。新しくオーブンペーパーを敷いた天板にのせ、オーブンペーパーをかぶせ、バットの網と重石の鍋のふたをのせる（E）。

※重石をのせるのは、ふくらみを抑えるため。ふたはオーブン対応のものを使う。

6　160度に温めたオーブンで30分焼く。一度とり出し、はみ出したりんごをゴムべらで押し込んで表面をととのえ（F）、オーブンペーパー、網、重石をのせてさらに15分焼く。とり出して同様に表面をととのえ、オーブンペーパー、網、重石をのせてさらに15分焼く。焼き上がったらもう一度表面をととのえ、オーブンペーパーをかぶせてしっかりと冷ます（できればひと晩）。

7　フライパンに湯をはり、型の底をあてて温める。型を揺すったときに動いてすき間ができたら、4のパイ生地をかぶせて網をのせ、逆さにして型からそっとはずす。好みで泡立てた生クリームを添える。

A

B

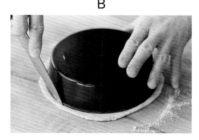

C

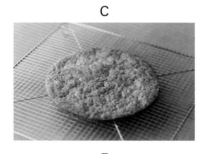

D

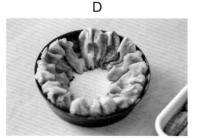

E

F

帯状に切ったパイ生地を格子状に編み込むのも楽しい。焼きたてにアイスクリームや生クリームを添えて。

アップルパイ

Winter

材料

（直径16cmのタルト菊型1台分）

練り折りパイ生地
- 薄力粉……90g
- 強力粉……90g
- 塩……3g
- バター（食塩不使用）……110g
- 水……70㎖
- 酢……少々
- 打ち粉（強力粉）……適量

煮りんご
- りんご（ふじ）……3個
- りんごジュース（ストレートタイプ）……200㎖
- バター（食塩不使用）……10g
- レモン汁……小さじ1

卵黄……1個分
水……小さじ1/2

準備

・パイ生地用のバターは1.5cm角に切る。
・水に酢を加えて混ぜる。
・パイ生地のすべての材料を冷蔵室に入れて冷やす。
・天板にシルパットまたはオーブンペーパーを敷く。

練り折りパイ生地

1　ボウルに薄力粉、強力粉、塩を合わせてふるい入れ、バターを加える。バターが小豆大になるまでカードでこまかく刻む（A）。酢水を加えてゴムべらでさっと混ぜ、台の上にのせ、手でひとまとめにする（p.84のB・C参照）。

2　生地の上にラップをかけ、めん棒で長方形にのばす（B）。ラップをはずし、生地の上下を返して三つ折りにする（C）。向きを90度かえ、打ち粉をして再び長方形にのばし（D）、上下を返して三つ折りにする。ラップで包み、冷蔵室に入れて1時間以上休ませる。

3　生地をとり出し、型用（E 右）と編み込み用（E 左）に分ける。どちらも打ち粉をして、ときどき上下を返して90度回転させながら、2mm厚さ、型用は型よりひとまわり大きく（F）、編み込み用は30×18cmくらいの長方形にのばす。どちらもラップをかけ（編み込み用はバットにのせる）、冷蔵室で1時間休ませる。

4　型用の生地を型に敷き込む（余分はまだ切り落とさない）。編み込み用の生地はパイカッター（なければ包丁）で2～3cm幅の帯状に切り（G）、ラップを敷いた上で格子状に編み込む（H）。ラップごとバットにのせて軽く手で押さえてなじませる（I）。型も編み込んだ生地もラップをかけて冷蔵室で1時間以上休ませる。

煮りんご

5　生地を休ませている間に煮りんごをつくる。りんごは皮をむき、8等分のくし形に切り、芯をとる。フライパンにりんご、りんごジュース、バター、レモン汁を入れ、中火にかける。沸騰したらふたをし、弱めの中火で煮る。りんごに透明感が出てきたらふたをとり、水分がなくなるまで炒め煮にする（J）。あら熱がとれたら、冷蔵室で冷やす。

仕上げ

6　オーブンを200度に予熱する。型に5のりんごを外側から並べ、中

A

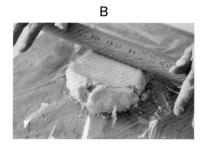
B

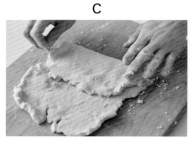
C

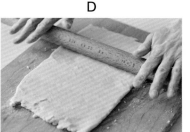
D

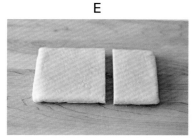
E

F

央にもりんごをぎゅっと詰める。溶いた卵黄と水を合わせ、適量を生地の縁にハケでぬり（K）、4の編み込んだ生地をラップごと持ち上げ、上下を返してかぶせる。型の縁を指でぎゅっと押して余分な生地を落とす（L）。縁をさらに1周指でしっかりと押し、生地を接着させる。

7 表面にも卵黄と水を合わせたもの適量をハケでぬり、200度のオーブンで50分焼く。型からはずして網の上で冷まし、切り分けて好みでアイスを添える。

※残ったパイ生地は薄くのばし、シナモンシュガーを振りかけてくるくる巻き、一度冷やしてから7mm厚さに切って200度に温めたオーブンで15分焼くと、渦巻きパイができる。
※アイスクリームや泡立てた生クリームを添えるのがおすすめ。アイスクリームを手づくりする場合は、右記参照。

バニラヨーグルトアイスの作り方

材料（つくりやすい分量）
卵黄……2個分
ビート糖（またはビートグラニュー糖）
　……40g
牛乳……100ml
バニラビーンズ……少々
プレーンヨーグルト……100g
生クリーム……100ml

ボウルに卵黄、ビート糖、牛乳、バニラビーンズの種を入れて泡立て器で混ぜ、万能こし器でこしながら鍋に移す。弱火にかけ、とろみがついたら火からおろし、氷水にあてて冷やす。ヨーグルト、生クリームを加えて混ぜ、アイスクリーマーで冷やし固める。

G　　　　　H　　　　　I

J　　　　　K　　　　　L

から焼きしたタルト生地にアパレイユを流し入れ、オーブンで焼くだけ。生クリームとローズマリーをアクセントに。

レモンのタルト

Winter

材料

（直径16cmのタルトリング型1台分）

タルト生地（アーモンドパウダー入り）

- バター（食塩不使用）……60g
- 和三盆糖（または粉糖）……30g
- 塩……少々
- 卵黄……1個分
- 薄力粉……90g
- アーモンドパウダー……20g
- 打ち粉（強力粉）……適量

アパレイユ

- レモン汁……60㎖
- レモンの皮（国産のもの）の
  すりおろし……1個分
- ビート糖……60g
- 卵……2個
- バター（食塩不使用）……20g

生クリーム……60㎖
プレーンヨーグルト……小さじ1
飾り用のローズマリー（生）……適量

準 備

・バター、卵黄、卵は室温にもどす。

タルト生地

1　p.72を参照してタルト生地をつくるが、アーモンドパウダーは薄力粉と合わせてふるい入れる。160度のオーブンで重石をのせて15分、重石をはずしてさらに10〜15分焼く。型に入れたまま網の上で冷ます。

アパレイユ

2　オーブンを150度に予熱する。ボウルにレモン汁と皮、ビート糖を入れ（A・B）、泡立て器で混ぜる。卵を割り入れ、よく混ぜる（C）。バターを湯せんにかけて溶かして加え（D）、よく混ぜる。

3　タルトに2を流し入れ（少し余る）（E・F）、150度のオーブンで15分焼き、型からはずして網の上で冷ます。

仕上げ

4　生クリームにヨーグルトを加えて八分立てにし（p.40参照）、タルトの上にのせ、ローズマリーを飾る。

※ローズマリーがなければ、ほかのハーブやレモンの皮のすりおろしを飾っても。
※残ったタルト生地の利用法と保存方法はp.73参照。
※直径20cmのタルト型でつくる場合は、タルト生地を全量使い、アパレイユの量を1.5倍にする。

A　B　C

D　E　F

TEA

お菓子に合う
お茶

お菓子をつくったら、お茶を選んで
ていねいにいれて
ゆったりとした気持ちで味わいたい。
お菓子を贈るときも、お茶とともに届けたい。

ヌワラエリヤ
（スリランカ）

爽やかな味わいのお菓子（いちご、メロン、
洋梨などのショートケーキ）には、香り高く、
爽快な旨みのヌワラエリヤを選びます。

アールグレイ
（フレーバー）

アールグレイは矢車草の花びらの入ったもの
を常備。ベルガモットの香りが合う柑橘やり
んごのお菓子に。迷ったときにもいれます。

アッサム（インド）

コクがあり、まろやか。香りも深く、豊かな
味わいがあるので、バナナや栗など甘みの強
い果物やクリーム多めのお菓子に合わせます。

ダージリン
（インド）

コクのあるセカンドフラッシュを合わせるこ
とが多い。ほのかな酸味と、まろやかなクリ
ームのお菓子は引き立て合うように感じます。

ほうじ茶

バターケーキやタルトなどの焼き菓子によく
合わせます。熱々にいれて、コクのあるお菓
子と楽しむと、口のなかがすっきりします。

コーヒー

マンデリンやコロンビアなどの中煎りを選び
ます。コクのあるコーヒーは焼き菓子やロー
ルケーキに、軽やかならアップルパイに。

最近、紅茶は「パレデテ」や「ウーフ」、ほうじ茶は「製茶問屋 山梨商店」、コーヒーは「コーヒーカジタ」を愛用しています。

POUND
CAKE

4　季節のパウンドケーキ

完熟バナナを使って香り高く、しっとりと焼き上げた、米粉のバナナケーキ。

バナナケーキ

Spring

材料

（直径16×深さ8.5cmのクグロフ型、または
直径15cmの丸型1台分）

卵……2個

きび糖……90g

バナナ……正味180g（2本）

米粉……170g

ベーキングパウダー……小さじ1

米油……100g

準 備

・卵は室温にもどす。

・型に米油（分量外）をぬる。

・オーブンを160度に予熱する。

※クグロフ型はテフロン加工がされている
ものを使用。

1　ボウルに卵を割り入れ、ハンド
ミキサーの羽根でほぐす。きび糖を
加え、ハンドミキサーの低速で混ぜ、
きび砂糖がなじんだら高速にして泡
立てる。

2　きび糖が溶けて、すくったとき
に生地がトロトロ落ちるようになっ
たら（A）、低速でミキサーの羽根を
ボウルの底から浮かすようにし、大
きな泡がなくなるまで2分ほど混ぜ
る。

3　別のボウルにバナナを入れてフ
ォークでこまかくつぶし（B）、ハン
ドミキサーの低速で少し混ぜてから
2に加える（C・D）。

4　米粉とベーキングパウダーを合
わせてふるい入れ、泡立て器ですく
い上げながらボウル全体をなぞるよ
うに混ぜる。

5　粉っぽさがなくなったら、米油
を加え（E）、ゴムべらでなめらかに
なるまで混ぜる。

6　型に流し入れ（F）、表面を平ら
にし、160度のオーブンで45〜50
分焼く。焼き上がったらすぐに逆さ
にして型からはずし、網の上で冷ま
す。冷めてから好みの厚さに切り分
ける。

A

B

C

D

E

F

スパイスやナッツ、しょうがにレーズン、いろんな食材を合わせて焼き上げる、足し算のケーキ。

キャロットケーキ

Spring

材料

（直径15cmの丸型1台分＋
　直径6cmのプリン型1個分）

卵……2個
ビート糖……100g
米油……120g
プレーンヨーグルト……30g
薄力粉……80g
全粒粉……80g
ベーキングパウダー……小さじ1/2
ベーキングソーダ……小さじ1/2
塩……少々
シナモンパウダー……小さじ1
ナツメグパウダー……小さじ1/2
カルダモンパウダー……小さじ1/2
生くるみ……100g
※アーモンドパウダー100gでも可。
にんじん……正味120g
しょうが（皮はとり除く）……5g
レーズン…40g
トッピング
｜バター（食塩不使用）……25g
｜ビート糖……10g
｜クリームチーズ……100g

準 備

・卵とヨーグルトは室温にもどす。
・丸型の底と側面にオーブンペーパーを敷く。プリン型の底と側面にバター（分量外）をぬる。
・しょうがをすりおろす。
・レーズンを湯でさっと洗い、水けをふきとる。
・オーブンを160度に予熱する。

1　くるみ、にんじんはそれぞれフードプロセッサーにかけてこまかくする（A）。

2　ボウルに卵を割り入れ、ハンドミキサーの羽根でほぐす。ビート糖を加え、ハンドミキサーの低速で混ぜ、ビート糖がなじんだら高速にして泡立てる。

3　ビート糖が溶けて、すくったときに生地がトロトロ落ちるようになったら、低速でミキサーの羽根をボウルの底から浮かすようにし、大きな泡がなくなるまで2分ほど混ぜる。

4　米油とヨーグルトを加え、混ぜる。

5　薄力粉、全粒粉、ベーキングパウダー、ベーキングソーダ、塩、スパイス類を合わせてふるい入れる（B）。

6　1のくるみとにんじん、しょうがのすりおろしを加え（C）、ゴムべらでなめらかになるまで混ぜる。

7　それぞれの型に半量を流し入れ（D）、表面を平らにし、レーズンの2/3量を散らす。残りの生地を流し入れて表面を平らにし、残りのレーズンを散らす（E）。

8　160度のオーブンで45～50分（プリン型は20分）焼く。焼き上がったらすぐに型からとり出して網の上で冷まし、冷めてから丸型のオーブンペーパーをはがす。

9　トッピングをつくる。ボウルに室温にもどしたバターを入れ、ゴムべらで練る。ビート糖と室温にもどしたクリームチーズを加え、泡立て器でよく混ぜる。しっかりと冷ましたケーキの上面にのせ、パレットナイフでぬり広げる（F）。

A

D

B
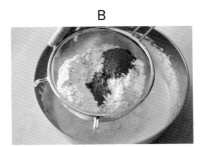

E

C

F

生のブルーベリーがさっぱりとしたジャムのように生地に浮かび、夏向きのおいしいケーキに。

ブルーベリーケーキ

Summer

材 料

（18×8×深さ8cmのパウンド型1台分）

バター（食塩不使用）……80g
米油……40g
ビート糖……100g
卵……2個
プレーンヨーグルト……30g
薄力粉……160g
ベーキングパウダー……小さじ3/4
ブルーベリー……80g

準 備

・ブルーベリーは冷凍する。
　※火の入りをゆっくりにするため。
・バター、卵、ヨーグルトは室温にもどす。
・型にバター（分量外）をぬる。
・オーブンを160度に予熱する。

※パウンド型は松永製作所 MBパウンドB
型を使用。通常のパウンド型より深さがあ
るので、深さのない型を使うときは、もう少
し大きいパウンド型を使うか、入らなかっ
た生地をプリン型などに入れて焼く。直径
15cmの丸型で焼いてもよい。テフロン加
工がされていない型の場合は、オーブンペ
ーパーを敷いて使う。

1　ボウルにバターを入れ、ゴムべ
らでクリーム状に練る。米油を少し
ずつ加え、泡立て器で、なめらかに
なるまで混ぜる（A）。

2　ビート糖を一度に加えてハンド
ミキサーの低速で混ぜ、ビート糖が
なじんだら中速で白っぽくなるまで
混ぜる。

3　割りほぐした卵を3回に分けて
加え、そのつどよく混ぜる（B）。ヨ
ーグルトを加えて混ぜる。

4　薄力粉とベーキングパウダーを
合わせてふるい入れ、ゴムべらでな
めらかになるまで混ぜる（C）。

5　型に1/3量を入れ（D）、スプー
ンで表面を平らにし、ブルーベリー
の1/3量を型にふれないように散ら
す（型にふれると型にくっついてはずしに
くくなる）（E）。残りの生地の半量を
入れて表面を平らにし、残りのブル
ーベリーの半量を散らす。残りの生
地とブルーベリーを同様に入れる
（F）。

6　160度のオーブンで65分焼く。
焼き上がったらすぐに型を傾けてと
り出し、網の上で冷ます。冷めてか
ら好みの厚さに切り分ける。

A

B

C

D

E

F

夏はすだちの香りや酸味がおいしく感じられる季節。皮も果汁も使って、さわやかに仕上げます。

すだちのケーキ

Summer

材料

（18×8×深さ8cmのパウンド型1台分）

卵……2個
ビート糖……100g
プレーンヨーグルト……20g
強力粉……70g
米粉……50g
すだち……2個
バター（食塩不使用）……110g
粉糖……50g

準備

・卵とヨーグルトは室温にもどす。
・型にバター（分量外）をぬる。
・すだちはよく洗い、2個とも皮（表面の緑
　の部分だけ）をすりおろす。半分に切っ
　て種をとり除き、果汁を搾って8mℓを計
　量する。
・バターは湯せんにかけて溶かし、冷めな
　いように温めておく（p.12のA参照）。
・オーブンを160度に予熱する。

1　ボウルに卵を割り入れ、ハンド
ミキサーの羽根でほぐす。ビート糖
を加え、ハンドミキサーの低速で混
ぜ、ビート糖がなじんだら高速にし
て泡立てる。

2　ビート糖が溶けて、すくったと
きに生地がトロトロ落ちるようにな
ったら（A）、低速でミキサーの羽
根をボウルの底から浮かすようにし、
大きな泡がなくなるまで2分ほど混
ぜる。

3　ヨーグルトを加え、泡立て器で
混ぜる。

4　強力粉と米粉を合わせてふるい
入れ、泡立て器ですくい上げながら
ボウル全体をなぞるように混ぜる
（B）。

5　粉っぽさがなくなったら、すだ
ちの皮のすりおろしの2/3量と溶か
したバターを加え（C）、ゴムべらで
なめらかになるまで混ぜる。

6　型に流し入れ（D）、表面を平ら
にし、160度のオーブンで45分焼く。
焼き上がったらすぐに逆さにして型
からはずし、逆さのまま網の上で冷
ます。

7　アイシングをつくる。ボウルに
粉糖、すだちの搾り汁、残りのすだ
ちの皮を入れ、ゴムべらで混ぜる
（E）。しっかりと冷ましたケーキの
上面（型に入っていたときの底面）にかけ、
パレットナイフでぬり広げる（F）。
好みの厚さに切り分ける。

※パウンド型の説明はp.107参照。

A	B	C

D	E	F
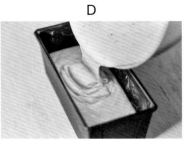		

渋皮煮をまるごと入れ、裏ごしして生地にも混ぜ込みました。ラム酒のアイシングがよく合います。

栗のケーキ

Autumn

材料

（直径16×深さ8.5cmのクグロフ型、または
　　直径15cmの丸型1台分）

バター（食塩不使用）……90g

米油……30g

ビート糖……100g

卵……2個

薄力粉……120g

ベーキングパウダー……小さじ1

栗の渋皮煮（p.128参照、
　　くずれたものでよい）……70g

栗の渋皮煮……6個

アイシング
　｜和三盆糖……50g
　｜ラム酒……小さじ2

準備

・バターと卵は室温にもどす。
・型にバター（分量外）をぬる。
・栗の渋皮煮70gを裏ごしし、60gを計
　量する（A）。
・オーブンを160度に予熱する。

※クグロフ型はテフロン加工がされている
ものを使用。

1　ボウルにバターを入れ、ゴムべらでクリーム状に練る。米油を少しずつ加え、泡立て器で、なめらかになるまで混ぜる。

2　ビート糖を一度に加えてハンドミキサーの低速で混ぜ、ビート糖がなじんだら中速で白っぽくなるまで混ぜる。

3　割りほぐした卵を3回に分けて加え、そのつどよく混ぜる（B）。

4　薄力粉とベーキングパウダーを合わせてふるい入れ、ゴムべらでなめらかになるまで混ぜる。

5　裏ごしした栗の渋皮煮を加え（C）、混ぜる。

6　型に半量を入れ（D）、台に何度か落としてスプーンで表面を平らにする。栗の渋皮煮6個を先端を下向きにして並べ入れる（E）。残りの生地を入れて表面を平らにする。

7　160度のオーブンで50〜60分焼く。焼き上がったらすぐに逆さにして型からはずし、網の上で冷ます。

8　アイシングをつくる。ボウルに和三盆糖とラム酒を入れ、ゴムべらで混ぜる（かたいようなら、湯を少し足す）（F）。しっかりと冷ましたケーキの上面にかける。好みの厚さに切り分ける。

A	B	C

D	E	F
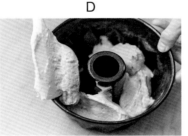		

かぼちゃにシナモンとレーズンを合わせたバターケーキ。やさしい味わいが毎日のおやつにぴったり。

かぼちゃのケーキ

autumn

材料

（18×8×深さ8cmのパウンド型1台分）
卵……2個
ビート糖……90g
強力粉……120g
シナモンパウダー……小さじ1/2
かぼちゃ……約1/4個
バター（食塩不使用）……90g
レーズン……45g
ラム酒……小さじ1

準備

・卵は室温にもどす。
・型にバター（分量外）をぬる。
・レーズンを湯でさっと洗い、水けをふき
　とり、ラム酒と合わせる。
・オーブンを160度に予熱する。

1 かぼちゃは種とわたをとり除き、大きめの角切りにする。蒸し器で20分ほど蒸し、やわらかくなったら、90gをとり分けて1cm角に切る（A左）。残りは皮をとり除き、85g計量し、ボウルに入れる（A右）。

2 バターを湯せんにかけて溶かし、冷めないように温めておく（p.12のA参照）。

3 ボウルに卵を割り入れ、ハンドミキサーの羽根でほぐす。ビート糖を加え、ハンドミキサーの低速で混ぜ、ビート糖がなじんだら高速にして泡立てる。

4 ビート糖が溶けて、すくったときに生地がトロトロ落ちるようになったら（B）、低速でミキサーの羽根をボウルの底から浮かすようにし、大きな泡がなくなるまで2分ほど混ぜる。

5 強力粉とシナモンを合わせてふるい入れ、泡立て器ですくい上げながらボウル全体をなぞるように混ぜる。

6 85gのかぼちゃを泡立て器でざっとつぶし、溶かしたバターを加えてよく混ぜたら5の1/4量を入れる（C）。なじむようにしっかりと混ぜたら、5のボウルに加えてゴムべらで混ぜる。

7 ラム酒と合わせたレーズンを加えて混ぜる（D）。

8 型に1/3量を入れ、表面を平らにして1cm角のかぼちゃの1/3量を散らす（E）。残りの生地の半量を入れて表面を平らにし、残りのかぼちゃの半量を散らす。残りの生地とかぼちゃを同様に入れる（F）。

9 160度のオーブンで45〜50分焼く。焼き上がったらすぐに型を傾けてとり出し、網の上で冷ます。冷めてから好みの厚さに切り分ける。

※パウンド型の説明はp.107参照。

A

B
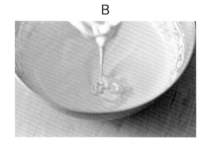

C

D

E

F

秋には柿のセミドライをよくつくります。キャラメル風味の生地と合わせれば、さらにおいしく。

柿のキャラメルケーキ

autumn

材料

（18×8×深さ8cmのパウンド型1台分）

バター（食塩不使用）……120g

きび糖……80g

卵……2個

薄力粉……80g

強力粉……60g

ベーキングパウダー……小さじ1/2

キャラメルクリーム（つくりやすい分量）

> ビートグラニュー糖……50g
> 水……小さじ1
> 生クリーム（乳脂肪分45〜47%のもの）
> ……40ml

柿のセミドライ

> 柿……2 1/2個
> ビートグラニュー糖……大さじ1

準備

・バターと卵は室温にもどす。

・天板にオーブンペーパーを敷く。

・型にオーブンペーパーを型よりも少し高くなるように敷く。

・オーブンを100度に予熱する。

1　柿のセミドライをつくる。柿は皮をむき、12等分のくし形に切る。天板に並べ、ビートグラニュー糖を振りかける。100度に温めたオーブンで30分焼き、柿の上下を返してさらに30分焼く（A）。あら熱がとれたら、バットに移す。

2　キャラメルクリームをつくる。鍋にビートグラニュー糖と水を入れ、ふたをして弱火にかける。ビートグラニュー糖がとけて色づき始めたらふたをとり、ときどき鍋を揺する。全体が茶色くなったら火を止める。生クリームを少しずつ加えて耐熱のゴムべらで混ぜ（p.33のJ・K参照）、しっかりと冷ます。

3　オーブンを160度に予熱する。ボウルにバターを入れ、ゴムべらでクリーム状に練る。

4　きび糖を一度に加えてハンドミキサーの低速で混ぜ、きび糖がなじんだら中速で白っぽくなるまで混ぜる（B）。

5　割りほぐした卵を6回に分けて加え、そのつどよく混ぜる。

6　キャラメルクリーム40gを計量し、加えて混ぜる（C）。

7　薄力粉、強力粉、ベーキングパウダーを合わせてふるい入れ、ゴムべらでなめらかになるまで混ぜる（D）。

8　型に1/4量を入れ、スプーンの背で表面を平らにして柿のセミドライを8切れ並べる（E）。残りの生地の1/3量を入れて表面を平らにし、柿を8切れ並べる。残りの生地の半量を入れ、同様に柿を並べ、残りの生地と柿を同様に入れる（F）。

9　160度のオーブンで60分焼く。焼き上がったらすぐに型からとり出して網の上で冷まし、冷めてからオーブンペーパーをはがす。好みの厚さに切り分ける。

※柿のセミドライは、そのまま食べてもおいしい。

※パウンド型の説明はp.107参照。

A

B

C

D

E

F

紅玉は皮つきのままコンポートに。切り口からのぞく
赤いりんごがかわいくて、贈り物にも喜ばれます。

紅玉のケーキ

Winter

材料
（直径15cmの丸型1台分）

バター（食塩不使用）……120g
ビート糖……100g
卵……2個
薄力粉……140g
ベーキングパウダー……小さじ1
シナモンパウダー……小さじ1/2
りんごのコンポート
　りんご（紅玉）……2個
　ビートグラニュー糖……20g
　レモン汁……小さじ2
アイシング
　和三盆糖……30g
　コンポートのシロップ
　　……小さじ1

準備
・p.127を参照してりんごのコンポートをつくる。電子レンジで4分加熱したら上下を返し、さらに3分30秒加熱し、冷蔵室で冷やす。
・バターと卵は室温にもどす。
・型の底と側面にオーブンペーパーを敷く。
・オーブンを160度に予熱する。

1　ボウルにバターを入れ、ゴムべらでクリーム状に練る。

2　ビート糖を一度に加えてハンドミキサーの低速で混ぜ、ビート糖がなじんだら中速で白っぽくなるまで混ぜる。

3　割りほぐした卵を3回に分けて加え、そのつどよく混ぜる。

4　薄力粉、ベーキングパウダー、シナモンパウダーを合わせてふるい入れ、ゴムべらでなめらかになるまで混ぜる。

5　ボウルの上に万能こし器（粉をふるったものを使う）をのせ、りんごのコンポート2～3切れ（約40g）を入れる。ゴムべらで押しつけてこしてピュレ状にし、加えて混ぜる（A・B）。

6　型に半量を入れ、スプーンの背で表面を平らにする。りんごのコンポートを外側から2周並べる（中央はあける）（C）。残りの生地を入れて表面を平らにし、残りのりんごを半分に切ってのせる（D）。

7　160度のオーブンで60～70分焼く。焼き上がったらすぐに型からとり出して網の上で冷まし、冷めてからオーブンペーパーをはがす。

8　アイシングをつくる。ボウルに和三盆糖とコンポートのシロップを入れ（E）、ゴムべらで混ぜる（かたいようならば、湯を少し足す）。しっかりと冷ましたケーキの上面にスプーンでかける（F）。好みの厚さに切り分ける。

A　B　C

D　E　F

苦みが少ないゆずの皮は、生のまません切りにしてたくさん混ぜ込みます。アイシングにも果汁をたっぷりと。

ゆずのケーキ

Winter

材料

（18×8×深さ8cmのパウンド型1台分）

卵……2個
ビート糖……90g
プレーンヨーグルト……20g
強力粉……120g
ゆず……1個
バター（食塩不使用）……110g
粉糖……60g

準備

・卵とヨーグルトは室温にもどす。
・型にバター（分量外）をぬる。
・ゆずはよく洗い、ピーラーで皮を薄くむ
　いてせん切りにし（A・B）、果汁を搾っ
　て小さじ2を計量する。
・バターは湯せんにかけて溶かし、冷めな
　いように温めておく（p.12のA参照）。
・オーブンを160度に予熱する。

1　ボウルに卵を割り入れ、ハンドミキサーの羽根でほぐす。ビート糖を加え、ハンドミキサーの低速で混ぜ、ビート糖がなじんだら高速にして泡立てる。

2　ビート糖が溶けて、すくったときに生地がトロトロ落ちるようになったら、低速でミキサーの羽根をボウルの底から浮かすようにし、大きな泡がなくなるまで2分ほど混ぜる。

3　ヨーグルトを加え、泡立て器で混ぜる。

4　強力粉をふるい入れ、泡立て器ですくい上げながらボウル全体をなぞるように混ぜる（C）。

5　粉っぽさがなくなったら、ゆずの皮と溶かしたバターを加え（D）、ゴムべらでなめらかになるまで混ぜる。

6　型に流し入れ（E）、表面を平らにし、160度のオーブンで45分焼く。焼き上がったらすぐに型を傾けてとり出し、網の上で冷ます。

7　アイシングをつくる。ボウルに粉糖とゆずの搾り汁を入れ、ゴムべらで混ぜる。しっかりと冷ましたケーキの上面にスプーンでかける（F）。好みの厚さに切り分ける。

※パウンド型の説明はp.107参照。

A	B	C
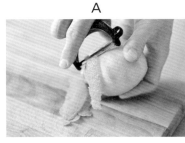		

D	E	F
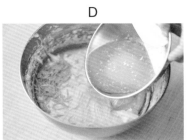		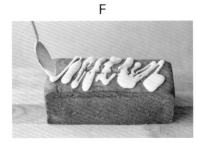

新鮮な国産レモンが出まわると、毎年せっせと皮を煮ます。こまかく刻み、アーモンドパウダー入りの生地に加えて。

レモンピールケーキ

Winter

材料

（18×8×深さ8cmのパウンド型1台分）

バター（食塩不使用）……120g

きび糖……90g

塩……少々

卵……2個

薄力粉……120g

アーモンドパウダー……60g

ベーキングパウダー……小さじ1/2

プレーンヨーグルト……30g

レモンの皮（国産のもの）のすりおろし
　　……1個分

レモンピール（p.130参照）……120g

ホワイトチョコレート（製菓用）
　　……40g

飾り用のレモンピール……2〜3本

準備

・バター、卵、ヨーグルトは室温にもどす。

・型にオーブンペーパーを型よりも少し高
　くなるように敷く。

・レモンピール120gをこまかく刻む（A）。

・オーブンを160度に予熱する。

1　ボウルにバターを入れ、ゴムべらでクリーム状に練る。

2　きび糖を一度に加えてハンドミキサーの低速で混ぜ、きび糖がなじんだら中速で白っぽくなるまで混ぜる。塩を加えて混ぜる。

3　割りほぐした卵を6回に分けて加え、そのつどよく混ぜる（B）。

4　薄力粉、アーモンドパウダー、ベーキングパウダーを合わせてふるい入れ、ゴムべらでなめらかになるまで混ぜる。

5　ヨーグルト、レモンの皮、レモンピールを加え、混ぜる（C・D）。

6　型に入れ（E）、スプーンの背で表面を平らにし、160度のオーブンで55〜60分焼く。焼き上がったらすぐに型からとり出して網の上で冷まし、冷めてからオーブンペーパーをはがす。

7　ホワイトチョコレートをボウルに入れ、湯せんにかけて溶かす。しっかりと冷ましたケーキの上面にスプーンでかけ（F）、飾り用のレモンピールをこまかく切ってのせる。好みの厚さに切る。

※パウンド型の説明はp.107参照。

A　　　　　　B　　　　　　C

D　　　　　　E　　　　　　F

WRAPPING

お菓子を
包む

お菓子をつくると、人に贈りたくなります。
「もらった人が、食べたくなるように
包みなさい」と教えてくれた人がいて、
腑に落ちました。

紙で包む

オーブンペーパーは水をはじき、お菓
子に合わせて切れるので、どんなケー
キも上手に包むことができます。箱に
入れると持ち運びやすく、出しやすく、
分けやすいので、お持たせにおすすめ。

小袋に入れる

カットした焼き菓子は乾燥しないよう、
OPPフィルムの小袋に入れます。ラ
ベルシールを貼ったり、箱やかごに入
れたりして贈りものにします。クッキ
ーは数枚ずつ入れると分けやすいです。

箱にすき間なく

ケーキを持ち運ぶとき、大きすぎない
箱に詰めます。サイズを的確に選び、
すき間にはペーパーナプキンを折りた
たんで詰めたり、キッチンペーパーで
包んだ保冷剤をしのばせたりします。

ホールをお持たせに

ホールのお菓子はセロファン紙で開き
やすいキャラメル包みにして箱やかご
に詰め、リボンを巻いたり、麻ひもで
しばったりします。かたい素材の箱に
入れると、ケーキがつぶれず安心です。

COMPOTE
& JAM

材料（つくりやすい分量）
さくらんぼ……24粒
※佐藤錦やアメリカンチェリーなど好みの
もので。
水……200㎖
ビートグラニュー糖……80g
レモン汁……小さじ2
キルシュ（好みで）……小さじ2

1 さくらんぼはていねいに洗い、
種とり器で種をとる。種とり器がな
ければ、先の細いナイフで種をすく
い出す。
2 鍋に水、ビートグラニュー糖、
レモン汁、好みでキルシュを入れ、
中火にかけて沸騰させ、混ぜる。1
を加え、オーブンペーパーで落とし
ぶたをし、弱火で10分ほど煮て火
を止める。
3 あら熱がとれたら、容器に移し
て冷蔵室で冷やす。

※冷蔵室で1週間ほど保存できる。

煮ることで味がなじみ、ケーキとの相性もよくなります。

さくらんぼのコンポート

材料（つくりやすい分量）
桃……2個
ビートグラニュー糖……40g
レモン汁……小さじ1

1 桃はていねいに洗い、くぼみに
沿って種まで届くように包丁で深く
切り込みを入れて1周させる。手で
ねじって半割りにし、小さじなどを
使って種をとる。さらに縦半分に切
る。
2 耐熱ボウルに桃を皮つきのまま
入れ、ビートグラニュー糖とレモン
汁を加える。ラップをふんわりとか
け、電子レンジで3分30秒加熱する。
ボウルをとり出し、ゴムべらでそっ
と上下を返し、ラップをかけて再び
3分30秒加熱する。
3 空気にふれないように桃の表面
にラップをかけ直す。あら熱がとれ
たら、冷蔵室で冷やす。

※冷蔵室で1週間ほど保存できる。

全体が桃色に染まります。冷やしてそのまま食べても。

桃のコンポート

Summer

コンポートは、杏とシロップを入れたびんを
蒸して加熱することで、煮くずれしにくくなります。

杏ジャムと杏のコンポート

杏ジャム

材料（つくりやすい分量）
杏……600g
ビートグラニュー糖……適量

準備
・保存びんはよく洗い、予熱なしで160度
のオーブンに10分入れて乾かす。
・ふたは鍋で煮沸消毒する。

1　杏はていねいに洗って水けをき
り、くぼみに沿って種まで届くよう
に包丁で深く切り込みを入れて1周
させる。手でねじって半割りにし、
種をとってさらに半分に切る。計算
し、重さの半量のビートグラニュー糖
を用意する。
2　鍋に杏とビートグラニュー糖を
入れ、弱めの中火にかける。水分が
出て煮くずれしてとろりとするまで
20分ほど煮る（A）。
3　熱いうちにびんに入れ、ふたを
ぎゅっと閉め（軍手をする）、逆さに
して冷ます。あら熱がとれたら、冷蔵
室で保存する。

※熱いびんに熱いうちにジャムを入れ、逆
さにして冷ますことで脱気される。
※冷蔵室で1年ほど保存できる。

杏のコンポート

材料（つくりやすい分量）
杏……600g
水……600㎖
ビートグラニュー糖……300g

1　鍋に水を入れて火にかけ、沸騰
したら火を止める。ビートグラニュ
ー糖を加え、混ぜて溶かす。再び火
にかけ、沸騰したら火からおろす。
2　杏は「杏ジャム」の1と同様に切
り、びんに入れる。1をひたひたに
なるまで注ぎ（B）、ふたを軽く閉め

る。湯が沸いた状態の蒸し器に入れ、
弱火で15分ほど蒸す。
3　火を止めてびんをとり出し（軍
手をする）、ふたをぎゅっと閉め、逆
さにして冷ます（C）。あら熱がとれ
たら、冷蔵室で保存する。

※保存びんは蒸し器の大きさに合わせて用
意する。小さめのびんで複数つくったほう
が使いやすい。
※冷蔵室で1年保存ができるが、開封後は
1週間ほどで使いきる。

A

B

C

材料（つくりやすい分量）
洋梨……1 1/2個
ビートグラニュー糖……20g
レモン汁……少々
ポワールウィリアム（好みで）
　　……小さじ1

1　洋梨は皮をむいて4等分に切り、芯をとる。200gを計量する。耐熱ボウルに入れ、ビートグラニュー糖、レモン汁、好みでポワールウィリアムを加える。ラップをふんわりとかけ、電子レンジで2分加熱する。

2　ボウルをとり出し、ゴムべらでそっと上下を返す。ラップをかけ直し、電子レンジで2分30秒加熱する。

3　空気にふれないようにラップをかけ直し、あら熱がとれたら、冷蔵室で冷やす。

※冷蔵室で5日ほど保存できる。
※リキュールは好みで。キルシュやラム酒でも合う。
※鍋でつくる場合は、p.127のりんごのコンポートと同様につくる。キルシュはポワールウィリアムにかえる。

とろりとした、なめらかな食感がケーキによくなじみます。

洋梨のコンポート

autumn

材料（つくりやすい分量）
無花果（皮をむく）……300g
ビートグラニュー糖……120g
レモン汁……小さじ2

1　無花果は皮をむき、縦4等分に切る。

2　鍋に無花果、ビートグラニュー糖、レモン汁を入れ、弱めの中火にかける。とろみがつくまで10分ほど煮る。

※無花果は皮をむかなくてもOK。皮つきのまま煮ると濃厚なジャムに、皮をむいて煮るとすっきりとした味わいのジャムになる。
※砂糖が少なめなので、冷蔵室に入れて2週間を目安に食べきる。

果肉はとろり、種はプチプチ。そのコントラストがおいしい。

無花果のジャム

autumn

紅玉なら皮つきで、ほかの品種なら
皮をむいて同様に煮ます。

りんごのコンポート

Autumn

材料（つくりやすい分量）
りんご（紅玉など）……1個
ビートグラニュー糖……20g
レモン汁……少々

1　りんごはよく洗い、8等分に切
って芯をとる。200gを計量する。
耐熱ボウルに入れ、ビートグラニュ
ー糖とレモン汁を加える。ラップを
ふんわりとかけ（A）、電子レンジで
3分加熱する。

2　ボウルをとり出し、ゴムべらで
そっと上下を返す。ラップをかけ直
し、電子レンジでさらに2分加熱する。

3　空気にふれないようにラップを
かけ直し（B）、あら熱がとれたら、
冷蔵室で冷やす。

※冷蔵室で5日ほど保存できる。

鍋でつくる場合

鍋に水100mℓを入れて沸騰させて火
を止め、ビートグラニュー糖40gと
レモン汁少々、好みでキルシュ小さ
じ1を加える。再び火にかけ、混ぜ
ながら再び沸騰させる。りんごを加
え、オーブンペーパーで落としぶた
をして弱火で15分ほど煮る。りんご
の上下を返し、5分煮て火を止める。
あら熱がとれたら、冷蔵室で冷やす。

A

B

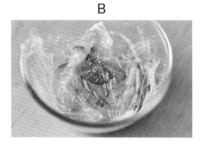

一粒でごちそう。皮つきで
ていねいに煮るからこそ。

栗の渋皮煮
Autumn

材 料 (つくりやすい分量)
栗……500g (皮つき)
ベーキングソーダ……小さじ1
シロップ
| 水……600㎖
| ビートグラニュー糖……300g

1 鍋に湯を沸かし、火を止める。栗を5個ずつ入れてひたし、3分たったらとり出す。包丁で鬼皮を少しずつていねいにむき (A)、水をはったボウルに入れる。残りも同様にする。
2 栗を鍋に入れ、かぶるくらいの水を加え、弱火にかける。沸騰したらベーキングソーダを加え、10分ほど煮る。
3 鍋ごと流し台に移し、鍋 (ゆでた湯は入れたまま) にぬるま湯の流水を加えながら (B)、栗のすじをとって洗い、新しくぬるま湯をはったボウルに入れていく。
4 別の鍋に新しくぬるま湯を入れ、

3の栗を入れて弱火で10分ほど煮る。
5 3・4をさらに2回くり返し、別の鍋に新しくぬるま湯と栗を入れ、やわらかくなるまで弱火で1時間ほど煮る。
6 シロップをつくる。別の鍋に水とビートグラニュー糖100gを入れ、中火にかけて沸騰させる。
7 火を止めて5の栗をすくって加え、ひと晩おく (1日目)。
8 次の日に鍋を火にかけ、湯げが立ったら火からおろす。ビートグラニュー糖100gを加え (C)、ひと晩おく (2日目)。
9 さらに次の日に再び火にかけ、

湯げが立ったら火からおろす。ビートグラニュー糖100gを加え、ひと晩おく (3日目)。
10 さらに次の日に再び火にかけ、湯気が立ったら火からおろし、ひと晩おく (4日目)。
11 さらに次の日に清潔な保存びんや保存容器にシロップごと入れ (5日目)、冷蔵室で保存する。

※冷蔵室で1週間ほど保存できる。
※長期保存する場合は、清潔な保存びんを用意し (p.125の杏ジャム参照)、びんが熱いうちに熱い栗とシロップをびんいっぱいに注ぎ、ふたをぎゅっと閉め、逆さにして冷ます。あら熱がとれたら、冷蔵室で保存する。3カ月ほど保存できる。

A	B	C
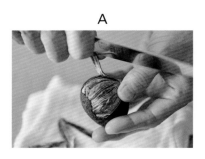		

砂糖を含んでツヤよく煮えたピール。
残った果肉はジャムにして。

ゆずピールとゆずジャム

Winter

材料 (つくりやすい分量)
ゆず……1個
ビートグラニュー糖……適量

ゆずピール

1　ゆずはよく洗って縦8等分に切り、皮をむく（A）。果肉はジャムに使うので、とっておく。
2　皮の白いわたの部分を包丁で薄くそいでとり除き、せん切りにする（B）。皮を計量し、同量のビートグラニュー糖を用意する。
3　鍋に2の皮とかぶるくらいの水を入れて中火にかけ、沸騰したらざるにあげる。皮を鍋に戻し入れ、かぶるくらいよりやや多めの水とビー

トグラニュー糖を加え、ツヤが出るまで弱火で10分ほど煮詰め、火を止める。しっかりと冷めたら、清潔な保存びんや保存容器に入れ、空気にふれないように表面にラップをかけ、冷蔵室で保存する。

※冷蔵室で1カ月ほど保存できる。

ゆずジャム

1　とっておいた果肉は薄皮ごとひと房を半分に切り、種をとり除く。計量し、同量のビートグラニュー糖を用意する。
2　鍋に入れ、かぶるくらいよりやや多めの水を加えて中火にかける。やわらかくなったらビートグラニュー糖を加え、5分ほど煮詰める（C）。

※冷蔵室に入れて2週間を目安に食べきる。

A

B

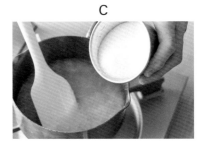

C

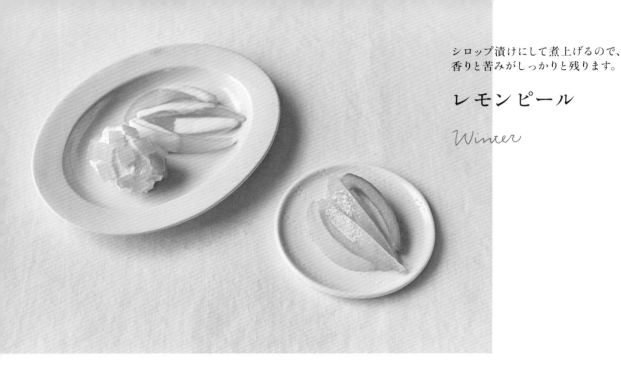

シロップ漬けにして煮上げるので、
香りと苦みがしっかりと残ります。

レモンピール

Winter

材料（つくりやすい分量）
レモン（国産のもの）……2個
ビートグラニュー糖……適量
レモン汁……小さじ1

1　レモンはよく洗い、縦8等分に切る。包丁で果肉と白いわたの部分を薄くそいでとり除き（A）、2〜3本に切る。皮を計量し、皮の重さの1.5倍のビートグラニュー糖を用意する。

2　鍋に1の皮とかぶるくらいの水を入れて中火にかけ、沸騰したらざるにあげる。皮を鍋に戻し入れ、再びかぶるくらいの水を加えて中火にかけ、沸騰したらざるにあげる。

3　鍋に皮とひたひたより多めの水を入れ、皮がやわらかくなるまで弱火で1時間ほど煮る。

4　ざるにあげて皮を鍋に戻し入れ、かぶるくらいの水を加えて中火にかける。沸騰したら火を止め、ビートグラニュー糖の1/4量を加える（B）。オーブンペーパーで落としぶたをし、そのままひと晩おく（1日目）。

5　次の日に火にかけ、沸騰したら火を止め、残りのビートグラニュー糖の1/3量を加える。同様に落としぶたをし、ひと晩おく（2日目）。

6　さらに次の日に火にかけ、沸騰したら火を止め、残りのビートグラニュー糖の1/2量を加える。落とし

ぶたをし、ひと晩おく（3日目）。

7　さらに次の日に火にかけ、沸騰したら火を止め、残りのビートグラニュー糖を加える。落としぶたをし、そのままひと晩おく（4日目）。

8　さらに次の日に火にかけ、沸騰したら火を弱め、レモン汁を加えて軽く煮詰め、火を止める（C・5日目）。しっかりと冷めたら、清潔な保存びんや保存容器に入れ、空気にふれないように表面にラップをかけ、冷蔵室で保存する。

※冷蔵室で1カ月ほど保存できる。
※クリームチーズを合わせたり、ホワイトチョコをつけたりしてもおいしい。

A	B	C
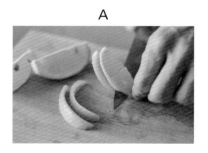	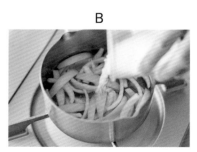	

Tools 道具

ふだん使っている道具を紹介します。
p.44も参照してください。

はかり

1g単位ではかれるデジタルスケールが便利。

計量スプーン

大さじ1＝15㎖、小さじ1＝5㎖。あれば小さじ1/2＝2.5㎖も。

計量カップ

容量200〜250㎖のものを一つ用意する。

ボウル

大中小サイズのステンレスボウルと直径16㎝くらいの耐熱ボウルがあると便利。

泡立て器

長さ25㎝くらいのものが使いやすい。

ハンドミキサー

卵や生クリームを泡立てるときや、メレンゲをつくるときに使う。

ゴムべら

鍋で混ぜるときにも使える、耐熱のものがおすすめ。

パレットナイフ

クリームをぬるときなどに。長さ25㎝くらいのものが使いやすい。

万能こし器

粉類をふるうときや、生地をこすときに使う。

カード

パイ生地を刻むときに使う。スポンジシートを平らにするときにも便利。

ハケ

ショートケーキのスポンジにシロップをぬるときに使う。

めん棒とのし板

直径3㎝、長さ45㎝くらいのめん棒が生地をのばしやすい。のし板がなければ、大きめのまな板でも。

口金と絞り袋

ショートケーキには丸形8〜10号、星形8切・10号の口金が使いやすい。絞り袋にセットして使う。

オーブンペーパー

型や天板に敷いて使う、シリコン樹脂加工が施してある紙。

シリコン製のオーブンマット

耐熱でくり返し使える。天板に敷いて焼くと、ムラなく均一に焼き上がる。
※本書ではシルパットを使用しているが、ほかのものでも。

バット

生地や果物をのせて冷蔵室で休ませるときなど、いろいろ使える。

重石（おもし）

タルト生地をつくるときに、生地がふくれ上がらないようにのせて焼くもの。

ブレンダー

果物やコンポートをピュレ状にするときに使う。ミキサーでも。

Ingredients 材料

薄力粉
スポンジケーキをはじめ、お菓子づくりに幅広く使われる小麦粉。手に入れば、国産薄力粉を。

強力粉
パイ生地のほか、焼き菓子にも使う。生地をのばすときに打ち粉としても使用。

全粒粉
小麦のふすまや胚芽をとり除かずに粉にしたもの。薄力粉タイプを使う。

米粉
お米をこまかく砕いて粉状にしたもの。スポンジケーキやパウンドケーキなどに。

ビートグラニュー糖
ビート（てん菜）を原料とした、すっきりとした甘さのグラニュー糖。なければ、ふつうのグラニュー糖でも可。

ビート糖
ビート（てん菜）を原料とした砂糖。まろやかな甘みがある。なければ、上白糖でも可。

きび糖
さとうきびを原料とした、うす茶色の砂糖。風味やコクを出したいときに使う。

和三盆糖
主にタルト生地に使用。上品で、風味豊かな味に仕上がる。なければ粉糖で。

粉糖
粉末の砂糖。生地に混ざりやすいので、アイシングやタルト生地などに使う。

はちみつ
アカシアやみかんなど、お菓子づくりにはクセのないものがおすすめ。

アーモンドパウダー
アーモンドを砕いて粉末にしたもの。タルトのアーモンドクリームなどに使う。

塩
お菓子づくりには溶けやすい、粉末のものが向く。加えることで味が引きしまり、甘みが引き立つ。

ベーキングパウダー
膨張剤。手に入れば、アルミニウムの入っていないものを選ぶ。

ベーキングソーダ
重曹。ふくらませる力が強いので、水分の多い生地に使う。栗を煮るときのアクとりにも。

ココアパウダー
お菓子づくりには、砂糖やミルクの入っていないものを選ぶ。

抹茶
p.16のショートケーキに使用。お薄で飲んでおいしいものを。

卵

この本ではLサイズ（正味55〜60g）を使用。新鮮なものを。

米油

酸化しにくく、さっぱりと仕上がる。なければ、サラダ油で代用可。

バター（食塩不使用）

食塩の入っていないもの、鮮度のよいものを使う。

生クリーム

乳脂肪分45〜47％の動物性のものを使用すると、濃厚でコクがある。

牛乳

加工されていない、生乳100％の新鮮なものを選ぶ。

プレーンヨーグルト

なめらかで脂肪分があまり高くないものがおすすめ。

クリームチーズ

クセがなくて、さっぱりと仕上がる国産のものがおすすめ。

バニラビーンズ

さやのなかの小さな黒い種を出して、さやと種の両方を使う。

製菓用チョコレート

カカオ分やミルク成分の配合により、ミルク、スイートなどの種類がある。カカオ分55〜60％がおすすめ。

製菓用ホワイトチョコレート

カカオマスを使用せず、カカオバターやミルク、砂糖などからつくられた白いチョコ。タブレットタイプが便利。

ナッツ

左から、アーモンドスライス、くるみ、ピスタチオ（左は殻と薄皮をとり除いたもの）。ローストしていない、生タイプを。

レーズン

クセがなく、フルーツ感のあるサルタナレーズンを使用。さっと湯で洗ってから使う。

白あん

市販のものを使用。スーパーや製菓材料店のほか、和菓子屋さんで手に入ることも。

リキュール

左から、ラム酒、キルシュ（さくらんぼのお酒）、ポワールウィリアム（洋梨のお酒）、オレンジリキュール、アマレット（杏の核を使ったお酒）。風味づけに。

Index 果物別の索引